UNCIÓN
DE
JUEZ

PASTOR FRANKY RODRÍGUEZ

Noviembre de 2021

Z

© 2021

UNCIÓN DE JUEZ

Por: FRANKY RODRÍGUEZ Movil:
+57 320 929 3687
www.transformacioninternacional.com Correo:
dianaybm90@hotmail.com

Primera Edición: noviembre de 2021

Diseño y diagramación Interior:
Mario Augusto Rojas A. 318
242 4265

Diseño de portada
Lesly Dayann García Heredia
dayanngarcia1@gmail.com

ISBN: 978-958-49-4265-4

Impreso en Bogotá, D.C., Colombia

Contenido

Dedicatoria

edico este escrito a mi amado Dios. Al Padre, quien me permitió consignar en estas líneas tan grandes revelaciones. Al Señor Jesucristo quien se me apareció en enero del año 2000 haciéndome el llamado al ministerio. Y al Espíritu Santo quien en su Gracia y misericordia le plació revelarme parte a parte cada capítulo de este libro.

A mi esposa Diana y mis tres hijas, Jael, Victoria y Grace, quienes son el motor de mi vida.

A mis amados padres Medardo y Luz Narda, quienes me han acompañado desde que empezamos el ministerio.

A mi hermano Ángel Daniel que me ha acompañado peleando las batallas del Señor estos 20 años.

A Inés Ramón quien con tanto amor me ayudó a que esta obra estuviera en sus manos.

A toda la Iglesia Cristiana Transformación Internacional a quienes amo y por quienes entrego parte de mi vida para que experimenten libertad en Cristo.

A cada pastor de nuestras iglesias hijas, a quienes admiro profundamente y por quienes oro sean recompensados por tan ardua labor.

Y a cada intercesor en el mundo que se ha mantenido creyendo, aun sin ver las respuestas. A cada intercesor que ha sido terriblemente atacado por las tinieblas y sigue levantándose en guerra. A cada intercesor que sigue orando que Dios le entregue los diseños del cielo para transformar la tierra. Aunque no conozco a miles de ellos, para ellos es este libro.

Prólogo

A lo largo de nuestras vidas debemos aprender a obtener la revelación de la Palabra de Dios. Es de tener en cuenta que la revelación no es absoluta sino progresiva y a medida que alcancemos madurez en Dios podremos ser expuestos a mayores niveles de luz.

Ningún ser humano está listo para recibir toda la revelación, sin embargo, cada día debemos profundizar en lo que el Espíritu Santo quiere entregarnos.

No es un secreto que el autor de este libro, es un extremo apasionado por Dios y su presencia. Es así como el Espíritu Santo le ha entregado gran parte de la revelación de la Sagrada Escritura. Aquellos que hemos tenido la oportunidad de estar cerca podemos dar fe de esto y de cómo Dios se ha revelado a nosotros por causa de sus enseñanzas.

Unción de Juez tiene que ser un libro que le dé la vuelta al mundo entero y así mismo traducido a diferentes idiomas, pues el contenido que tiene no se lo he escuchado a nadie más sobre la tierra.

Tiene que ser leído una y otra vez, pues lo que está condensado en estas líneas nos entrega parte de los diseños originales de Dios para nuestras vidas.

Estoy seguro que este libro transformará su vida y que también transformará naciones enteras solo por el hecho de que es un material bajado directamente del cielo.

Sencillamente pida dirección a Dios para que no sea un texto más en su vida, sino que lo que hay aquí escrito pueda entrar en lo más profundo de su ser y entregarle esa Unción de Juez que tanto necesita.

En este texto usted recibirá gran luz que no podrá ser apagada una vez que usted lo haya leído. Así que prepárese para entrar en la profundidad de la Palabra de Dios y nunca más ser el mismo.

He caminado a este tiempo, al menos treinta y cinco años cerca del Apóstol Franky Rodríguez, y puedo dar garantía de todo lo que he escrito anteriormente y de cómo cuando él enseña la Palabra, la gente es transicionada automáticamente a nuevos niveles de autoridad.

Sé que esta es una llave del Reino de Dios que nos está siendo entregada y que tiene la habilidad de hacernos crecer en Dios. Por favor compártala con todos aquellos que usted considere que la necesiten.

Con mucho cariño y aprecio

Ángel Daniel Rodríguez

Introducción

Las naciones de la tierra están en un serio conflicto, no solamente en el aspecto físico sino fundamentalmente, espiritual. Los gobiernos de la tierra también están en un serio conflicto, no solamente en el aspecto económico o político, sino espiritual. Estamos en un momento crucial en la historia de las naciones donde Belial o –mejor aún– Corruptor, ha tomado muchas esferas de la sociedad, permeando aún la Iglesia del Señor Jesucristo.

Podemos ver la corrupción en el gobierno, la educación, la salud, la podemos ver en todas partes y lo que es aún más doloroso, en la misma Iglesia del Señor Jesucristo.

Esto demanda una respuesta del pueblo de Dios, esto demanda una intervención de aquellos que deben ser la justicia de Dios.

El libro Unción de Juez, fue escrito después de varios años de trabajo y tiene como objetivo, entrenar al pueblo de Dios, a los intercesores, en la habilidad de vencer la corrupción y traer la verdadera justicia a las naciones de la tierra.

La verdadera respuesta para las naciones no está en el gobierno, no está en el poder económico: la verdadera respuesta de alguna manera tampoco está en Dios mismo, sino que la verdadera respuesta está en la Iglesia del Señor Jesucristo.

Este libro fue desarrollado después de muchos años de intercesión y tiene como objetivo entrenar a los intercesores de las naciones, aquellos que tienen hambre y sed de justicia para traer y establecer la verdadera justicia. Este libro tiene como objetivo que las ovejas transicionen para ser águilas y leones. Este libro tiene como objetivo que los cristianos dejen de ser miembros normales de una congregación y se conviertan en Jueces que manifiesten el Trono de Dios en medio de las naciones de la tierra.

Este libro no solamente es conocimiento, este libro es un centro de revelación de parte de Dios, y en él se revela cómo funciona la justicia de Dios y cómo manifestar la justicia de Dios en las naciones de la tierra.

Este libro es respuesta para muchas personas, para muchos intercesores que llevan años pidiendo que el reino de Dios se manifieste en sus vidas y ciudades. Este libro es una llave espiritual que nos va a permitir acceder a la justicia de Dios y que nos va a abrir las puertas para poder entrar a las diferentes cortes celestiales.

Unción de Juez nace en el corazón de Dios. Unción de Juez nace de la intercesión de un pueblo que quiere manifestar la justicia de Dios. Unción de Juez nace de muchas experiencias de intercesión donde pudimos manifestar la justicia de Dios y ver que aquellas cosas que llevamos al Trono, cayeron. No fue una ni dos ni tres personas que pudieron corroborarlo, sino miles de testigos estuvieron presentes en intercesiones muy fuertes donde vimos el Trono de Dios manifestado a nuestro favor.

Este libro es una llave para que puedas traer la justicia de Dios a favor de tu casa, tu familia, tu hogar, tus hijos, tu ministerio, tus finanzas y tu nación.

Pide al Señor leer este libro bajo la guía del Espíritu Santo. Yo estoy totalmente seguro de que cuando lo termines de leer, tu nivel de autoridad en Dios va a ser superior. Este libro es también una respuesta a mi vida, porque si lo estás leyendo significa que estás siendo entrenado y te vas a convertir en uno de los intercesores y legisladores que van a manifestar la justicia de Dios sobre la tierra.

Si estás leyendo este libro es porque el Señor te ha marcado y te ha diseñado para que hagas parte de la revolución de la justicia de Dios en la tierra. Te bendigo y declaro que al leer este libro tu nivel en Dios va a ser elevado.

UNCIÓN
DE JUEZ

1

RESTAURACIÓN DE LOS JUECES

Para comenzar a sumergirnos en este tema apasionante, vamos a escudriñar lo que las Escrituras nos revelan en el Libro de Isaías, capítulo 1 y versículo 26:

"Restauraré tus jueces como al principio, y tus consejeros como eran antes; entonces te llamarán Ciudad de justicia, Ciudad fiel".

En este versículo vemos una promesa de Dios, en la que el Señor afirma que va a restaurar a los Jueces como al principio, es decir, como fueron al inicio, y entonces los nombres de las ciudades y de las naciones serán cambiadas. Aquí vemos que el nombre de la ciudad es cambiado por Ciudad de Justicia, Ciudad Fiel.

Este versículo no habla solamente de la restauración de Israel, sino que es también una encomienda a la Iglesia, puesto que esta es una profecía que tiene varias referencias. Cada profecía puede tener dos o tres referencias. Esto significa que puede referirse a un tiempo, a dos tiempos o a tres tiempos. Y el mensaje de esta profecía para la actualidad es que Dios va a restaurar los Jueces como al principio y que los nombres de las ciudades serán cambiados y serán llamadas Ciudad de Justicia y Ciudad Fiel.

La palabra Juez en hebreo es *Shefát*. Significa, el que juzga, el que pronuncia sentencia por o en contra de algo o alguien, el que vindica o castiga, el que defiende una causa, el que contiende, el que gobierna o el que litiga. El *Shefát* es quien emite el *Shefét*, es decir, la sentencia. Los Jueces, por tanto, son impartidores de Justicia.

La promesa de Dios es que, no solamente en ese tiempo en el que fue escrito el Libro de Isaías, ni en los tiempos de los Apóstoles, sino que también en nuestro tiempo, el Señor va a volver a levantar Jueces, que son personas facultadas por Dios con la habilidad de impartir la Justicia del cielo en la tierra. Sabemos que, sobre todo en este tiempo en que la justicia se ha corrompido, se ha pervertido en todas las naciones de la tierra, y ante esa realidad general de corrupción y de destrucción, la promesa de Dios es firme: Él va a volver a levantar a los Jueces como al principio.

Entonces, lo que Dios va a hacer es levantar a *Shefát*, a los que juzgan, a los que pronuncian sentencia, a los que vindican, a los que castigan, a los que defienden la causa, los que contienden, los que gobiernan, los que litigan, los que van a emitir el Shefét, es decir, la sentencia de Dios sobre la tierra. Estos Jueces son los que van a traer la Justicia de Dios.

Desafortunadamente, la justicia en las naciones, y las Cortes en las naciones han sido permeadas por la corrupción, por Belial, quien es un espíritu muy fuerte, muy peligroso, y cuya función es corrom- per, incluso, como mencionaba antes, dentro de la Iglesia. Pero nosotros debemos entender nuestra responsabilidad, y saber que lo que los santos permi- tan, es lo que va a suceder en nuestras naciones.

La primera promesa es que el Señor va a levantar los Jueces como al principio. Aquí cabe preguntarse ¿el principio de qué? ¿Qué significa la expresión "al principio"? ¿Cuál fue ese principio donde aparecieron los Jueces emitiendo Justicia? Para poder entender estas cuestiones voy a desarrollar tres puntos:

1. La eternidad.

Veamos el libro de Salmos, capítulo 82: versículos del 1 al 8:

> *"Dios está en la reunión de los dioses; En medio de los dioses juzga. ¿Hasta cuándo juzgaréis injustamente, Y aceptaréis las personas de los impíos? Defended al débil y al huérfano; Haced justicia al afligido y al menesteroso.*

Librad al afligido y al necesitado; Libradlo de mano de los impíos. No saben, no entienden, Andan en tinieblas; Tiemblan todos los cimientos de la tierra. Yo dije: Vosotros sois dioses, Y todos vosotros hijos del Altísimo; Pero como hombres moriréis, Y como cualquiera de los príncipes cae- réis. Levántate, oh Dios, juzga la tierra; Porque tú heredarás todas las naciones".

En este capítulo podemos ver varias cosas muy interesantes: una de ellas es que Dios no gobierna o juzga solo, sino que la Palabra nos muestra que Él está en medio de la reunión de los dioses. Siempre hemos visto a Dios –y eso está muy bien porque es correcto– como el Ser Supremo, pero Él no imparte justicia solo, sino que Él imparte justicia a través de las Cortes, y también, –como dice esta porción de la escritura–, imparte justicia a través de otros dioses. *"Dios está en medio de los dioses y en medio de los dioses juzga"* dice el versículo 1, desde ahí, de esa reunión, es desde donde Dios gobierna, y desde donde emite los juicios.

Parece ser, de acuerdo a este capítulo, que esos Jueces han juzgado injustamente, han dejado crecer la impiedad, no defienden al débil, al huérfano, no le hacen justicia al afligido, ni al menesteroso, no lo libran de la mano de los impíos. Dice el versículo 5, – hablando de esos dioses– que *no saben, no entienden, andan en tinieblas y que tiemblan todos los cimientos de la tierra.* Eso significa que esos dioses están velados, no han entendido su propósito, lo que tienen que hacer. Y dice el versículo 6: **"vosotros sois dioses"**, nos está hablando a nosotros, como hijos de Dios: **Yo dije: Vosotros sois dioses,** *Y todos vosotros hijos del Altísimo;* pero añade, **"como hombres moriréis, y como cualquiera de los príncipes caeréis"**.

El Señor Jesucristo hace referencia a este capítulo en Juan 10:34 y 35:

> *"Jesús les respondió: ¿No está escrito en vuestra ley: ¿Yo dije, dioses sois? Si llamó dioses a aquellos a quienes vino la palabra de Dios (y la Escritura no puede ser quebrantada)"*

En estos versículos vemos cuando Jesús cita el libro de Salmos, el capítulo 82, donde el salmista dice **"vosotros sois dioses"**. Cuando habla de los Jueces, es muy probable que se esté refiriendo a un evento eterno. Recordemos que en la eternidad no existe el tiempo, no existe el pasado, el presente ni el futuro. Uno de los conceptos más difíciles de comprender y de explicar es la palabra eternidad. Sabemos, por ejemplo, que el sacrificio de Jesucristo es un sacrificio eterno. Siempre hemos considerado a Jesús en su muerte en la Cruz del Calvario, pero la Biblia nos habla de que Él es el Cordero inmolado antes de la fundación del mundo.

Veamos otros textos que nos ayudarán a comprender este tema de los dioses y de la restauración de los Jueces como al principio.

En efesios 1:4 podemos hallar más luz sobre este asunto:

"según nos escogió en él antes de la fundación del mundo, para que fuésemos santos y sin mancha delante de él,"

Esta expresión "en Él" es muy significativa, puesto que nosotros estábamos en Él desde antes de la fundación del mundo. ¡Es decir que nosotros, los hijos de Dios, ya estábamos en Dios desde antes de la fundación del mundo! Nosotros somos espíritus que salimos de Dios y somos eternos.

Es muy posible que en Ezequiel 28:16 –donde habla de las contrataciones por las cuales Lucero se corrompió,– se esté refiriendo a nosotros. Mi pregunta ha sido muchas veces

¿Con quién contrataba Lucero? Recordemos que entonces él no era un ángel caído, un ángel perverso, él era un ángel de Dios y una de sus funciones eran las contrataciones.

La palabra contratación es la palabra hebrea **rekuláh**, que tiene que ver con realizar un trueque, un contrato, un convenio. (Recomiendo a quienes están leyendo este libro que puedan ver en nuestro canal de YouTube la prédica titulada "Contrataciones. Lo que corrompió a Lucero") Teniendo en cuenta que nos estamos refiriendo a un evento eterno, debemos plantearnos qué convenios hacía Lucero, qué tratos realizaba y fundamentalmente, ¿con quién tenía esos contratos? Algunos eruditos de la Biblia dicen que realizaba esas contrataciones con otros ángeles, que decidía sobre los destinos de las naciones en lo eterno, pero yo creería que esas contrataciones se efectuaban también con otros dioses, como menciona la Biblia en los pasajes que hemos referido *"Vosotros sois dioses"*. Por lo tanto, esas contrataciones no solamente eran con ángeles, sino que también se realizaban con nosotros, que estábamos en la eternidad, estábamos en Él antes de la fundación del mundo.

Entonces, ¿qué ocurrió? La Biblia nos dice en el libro de Romanos 3:23 que *"por cuanto todos pecaron, fueron destituidos de la gloria de Dios"*. Ese capítulo no lo podemos comprender solamente en una dimensión temporal, y creer que desde Adán todos hemos pecado, sino que debemos entenderlo en una dimensión de eternidad, puesto que no solamente se produjo una caída de ángeles, con la caída de Lucero, sino un porcentaje de éstos que las Escrituras llaman dioses, los que eran los Jueces, también cayeron.

Entonces, esa primera promesa de restauración de los Jueces como al principio, se refiere a la eternidad donde los hijos de Dios como dioses en el Monte de la Asamblea, juzgábamos junto al Señor.

2. Los Patriarcas

Cada uno de los Patriarcas fue un portavoz de Dios para traer la Justicia de Dios en medio de su generación. Por eso han quedado en la galería de los héroes de la fe que menciona el Libro de Hebreos, en el Capítulo 11, puesto que cada uno de ellos logró traer e impartir la Justicia de Dios en medio de sus respectivas generaciones.

Cuando la Biblia menciona que va a restaurar los Jueces como al principio, desde la perspectiva de los patriarcas, significa que Dios va a levantar una nueva generación de personas que abran una brecha, que abran matriz a la instauración de la Justicia, patriarcas que puedan traer la justicia de Dios a su generación. Y eso debe suceder en este tiempo en el que las tinieblas quieren capturar a nuestras generaciones. Por lo tanto, la promesa de restaurar los Jueces como al principio, también se refiere a establecer patriarcas en este tiempo que puedan traer la justicia de Dios en medio de nuestras generaciones.

Abraham, Isaac, Jacob, José fueron personas que trajeron la justicia de Dios en su momento, a su territorio, y en su generación. En este tiempo, el Señor ha de levantar esa unción patriarcal nuevamente, no para un reconocimiento personal, sino para que la justicia de Dios sea establecida y vengan a liberación los territorios y a salvación las generaciones.

3. El tiempo de Moisés.

El Señor prometió restaurar los Jueces como al principio. Vimos que podemos entender que se refiere al principio de la eternidad, de los Patriarcas y también, al principio o el tiempo de Moisés. ¿Qué ocurrió en el tiempo de Moisés?

Vayamos al libro de Números, capítulo 11 y versículo 25:

> *"Entonces Jehová descendió en la nube, y le habló; y tomó del espíritu que estaba en él, y lo puso en los setenta varones ancianos; y cuando posó sobre ellos el espíritu, profetizaron, y no cesaron".*

En este capítulo vemos que hay un conflicto en el pueblo de Israel, en el desierto, vemos que no hay qué comer y el pueblo murmura contra Moisés. El Señor le manda que reúna a 70 varones que sean ancianos y principales. Lo leemos en el libro de Números capítulo 11 y versículos 16 y 17.

> *"Entonces Jehová dijo a Moisés: Reúneme setenta varones de los ancianos de Israel, que tú sabes que son ancianos del pueblo y sus principales; y tráelos a la puerta del tabernáculo de reunión, y esperen allí contigo. Y yo descenderé y hablaré allí contigo, y tomaré del espíritu que está en ti, y pondré en ellos; y llevarán contigo la carga del pueblo, y no la llevarás tú solo".*

El Señor los reúne para resolver el conflicto de la falta de comida. Cuando estaban enfrente del Tabernáculo, el Señor descendió y la unción que había en Moisés les fue impartida a los 70 varones, de tal manera que ya no tenía que atender Moisés a más de 3 millones de personas, sino que ahora esa unción había descendido sobre otros 70, quienes ayudaban a impartir justicia en todas las áreas sobre el pueblo. Solamente los casos muy difíciles eran traídos a Moisés. La Iglesia de Jesucristo en la actualidad necesita esto: que haya padres espirituales con facultad para juzgar y que esa unción le sea transferida a hijos espirituales, personas de confianza, a ancianos, para que ellos también puedan juzgar. Las Escrituras nos dicen que los setenta se sentaban en las puertas de las ciudades para resolver los diferentes juicios.

Vemos que la estrategia que entrega el Señor a Moisés para resolver este conflicto es efectiva, puesto que luego de que la unción fuera transferida a los setenta, comienzan a llover codornices y, por lo tanto, el conflicto fue resuelto.

Podemos comprender a partir de esta revelación, que en este tiempo tampoco una sola persona, aunque sea una persona ungida, puede hacer el trabajo en solitario. El Señor demanda que sea el Cuerpo de Cristo quien reciba esa unción de Juez para impartir Justicia. La tarea es muy grande. En la actualidad es necesario que haya personas con la unción de Moisés, con facultad para juzgar, y que puedan impartir al resto del cuerpo de Cristo esa misma unción.

4. El tiempo de los Jueces.

Creo firmemente que Isaías, cuando expresa la promesa del Señor de restaurar los Jueces como al principio se refiere de una forma especial al libro de los Jueces en el Antiguo Testamento. También creo firmemente que Dios no necesita diez mil personas para restaurar una nación. Cuando leemos el Libro de los Jueces, vemos que Dios siempre escogió una, y alguna vez dos personas, pero casi siempre era una que tenía esta unción de juzgar, para traer la restauración a su nación y a su generación en ese tiempo. Entonces, cuando la Biblia dice "restauraré los Jueces como al principio" deberíamos examinar a cada uno de los Jueces: Otoniel, Aod, Samgar, Débora, Barac, Gedeón, Tola, Jair, Jefté, Ibzán, Elón, Abdón, Sansón y el último Juez que fue Samuel, puesto que Elí se había corrompido junto a sus hijos, y su cargo de Juez fue traspasado a Samuel.

Cada una de estas personas fueron ungidas por Dios en su momento para un tiempo específico, algunos 20, 30, 40 años, o más, para traer la Justicia de Dios en medio de la nación. Esto nos demuestra que Dios no necesita de miles de personas para realizar este propósito, sino una sola persona que reciba la habilidad de juzgar. La unción de Juez, puede traer la Justicia de Dios en medio de su ciudad y de su nación.

Vemos que, en los tiempos de los Jueces, el Señor le entregó a una sola persona la habilidad de pronunciar sentencia, la habilidad para vindicar o castigar a los enemigos, la habilidad para defender la causa; la unción de los Jueces tiene mucho que ver con defender al huérfano, a la viuda, sobre todo en nuestras naciones. A una sola persona le dio la habilidad para contender, para gobernar o para litigar, a una sola persona le dio la habilidad del Shefét, de emitir las sentencias de Dios y de impartir la Justicia de Dios en su generación. Creo firmemente que en este tiempo Dios va a levantar personas ungidas que tengan esa habilidad, esa unción de traer la Justicia de Dios a su territorio y a sus generaciones. Sería tan poderoso que esta unción la recibiera toda la Iglesia de Jesucristo en las naciones.

El texto que hemos estudiado, Isaías 1:26, es un pasaje que tiene varias referencias. La primera referencia era ese momento, el momento en que se escribe el Libro de Isaías, la segunda referencia es el tiempo de los Apóstoles, ellos tenían que ser Jueces. El Señor les había dicho *"He aquí os doy poder y autoridad para pisar serpientes y escorpiones y toda fuerza del enemigo y nada os dañará"* (Lucas 10:19) De esta manera, los discípulos de Jesús fueron impartidos con la unción para ser Jueces, además de que el Señor les dio también poder y autoridad para echar todos los demonios y sanar todas las enfermedades.

Finalmente, otra referencia de la promesa de restaurar los Jueces como al principio tiene que ver con nosotros, los que somos hijos de Dios.

Oro para que, al leer este libro, la Unción de Juez comience a ser transferida a tu vida.

La promesa del Señor concluye diciendo "entonces te llamarán ciudad de Justicia, ciudad Fiel". Vemos que los nombres de las ciudades son cambiados. Los nombres de las naciones y ciudades tienen significados en el mundo espiritual que las ligan a las tinieblas (ciudades de injusticias, ciudades infieles, ciudades de perversión, ciudades de prostitución). Pero cuando los Jueces se manifiesten, los nombres de ciudades y naciones son cambiados.

Si todos nos ponemos de acuerdo, usted y cada una de las personas que leen este libro, traeremos transformación en medio de las naciones, y aún los nombres de las naciones serán cambiados. Este es nuestro desafío. Adelante, amados Jueces.

TODO EL JUICIO LE HA SIDO DADO A LOS SANTOS DEL ALTÍSIMO

¿e quién habla la Biblia cuando habla de la restauración de los Jueces? Los Jueces son los que van a llevar a juicio las obras de las tinieblas. Evidentemente, no habla de los ángeles: esos Jueces son el pueblo de Dios.

Vamos a examinar tres escrituras que nos arrojan luz sobre el tema.

El primer texto es Daniel 7:22, que dice:

> "...hasta que vino el Anciano de días, y se dio el juicio a los santos del Altísimo; y llegó el tiempo, y los santos recibieron el reino".

Habitualmente se aplica este capítulo para referirse al futuro, muchas veces, para el tiempo después del

Milenio, pero vamos a mirar, a partir de distintos textos de las Escrituras, que el Reino de Dios ya está aquí. Entonces, si el Reino de Dios ya está aquí, los santos del Altísimo ya tienen el juicio. En este capítulo, los santos del Altísimo no son los ángeles, sino que es el pueblo redimido por la Sangre de Jesucristo. Veamos unos textos que nos hablan de que el Reino de Dios ya está aquí. Mateo 4:17 dice:

> *"Desde entonces comenzó Jesús a predicar, y a decir: Arrepentíos, porque el reino de los cielos se ha acercado".*

Cuando Jesús comienza su ministerio anuncia que el Reino de los cielos se ha acercado. Mateo 10:7 y 8 dice:

> *"Y yendo, predicad, diciendo: El reino de los cielos se ha acercado. Sanad enfermos, limpiad lepro- sos, resucitad muertos, echad fuera demonios: de gracia recibisteis, dad de gracia"*

Leemos en el evangelio de Lucas, capítulo 11 y versículo 20, que Jesús dice:

> *"Mas si por el dedo de Dios echo yo fuera los demonios, ciertamente el reino de Dios ha llegado a vosotros".*

Jesús asegura que el Reino ya llegó porque el Reino es el mismo Jesucristo.

Leemos en el libro de Romanos, capítulo 5 versículo 17:

"Pues si por la transgresión de uno solo reinó la muerte, mucho más reinarán en vida por uno solo, Jesucristo, los que reciben la abundancia de la gracia y del don de la justicia".

En este versículo podemos comprender una afirmación poderosa que realiza el Apóstol Pablo: nuestro Reino es en vida. Recuerdo que mi abuela acabó sus días sobre la tierra esperando entrar al Reino. Nunca le fue revelada esta poderosa verdad espiritual.

Y el libro de Apocalipsis, capitulo 1 y versículo 6, dice:

"y nos hizo reyes y sacerdotes para Dios, su Padre; a él sea gloria e imperio por los siglos de los siglos".

Amén

"y nos has hecho para nuestro Dios reyes y sacerdotes, y reinaremos sobre la tierra"

(Apocalipsis 5:10).

Entonces, ¿para qué nos hizo reyes, si no hay reino? Somos los reyes de un reino y no un reino que va a venir, sino que ya está aquí entre nosotros. A partir de pentecostés ha comenzado nuestro reinado, cuando oficialmente, con el derramamiento del Espíritu Santo, la Iglesia del Señor Jesucristo comienza su existencia. Por eso podemos decir que el juicio pertenece a los santos del Altísimo, porque el juicio está ligado a un reino que Jesús dijo que "está cerca" "se ha acercado" y "ya está aquí". El Señor quiere que reinemos en vida, y para eso nos hizo reyes y sacerdotes, para reinar sobre la tierra.

El segundo texto es Juan 5:22:

> *"Porque el Padre a nadie juzga, sino que todo el juicio dio al Hijo".*

La capacidad de juzgar, de llevar a juicio distintas situaciones, la habilidad de contender, de usar las Cortes celestiales no le corresponde al Padre. Hasta **antes del sacrificio de Jesucristo en la Cruz** todo el juicio, toda la capacidad de juzgar, de pronunciar sentencia, de vindicar o castigar, defender una causa, gobernar, litigar delante de las Cortes le había sido entregado a Cristo, puesto que el Señor Jesús debía vencer principados y potestades en la Cruz del Calvario.

Para comprender este principio bíblico podemos acudir a dos textos: el primero es Juan 19:30:

> *"Cuando Jesús hubo tomado el vinagre, dijo: Consumado es. Y habiendo inclinado la cabeza, entregó el espíritu"*

Este texto nos muestra que cuando Jesús va a entregar su espíritu él dice "ya terminé la obra: consumado es" Eso significa que la obra de redención fue realizada completamente, no ha quedado nada por hacer. "Consumado es" significa todo ha sido hecho, todo está cumplido. Es importante que poda- mos comprender que nada quedó por hacer, puesto que absolutamente todo fue hecho.

El segundo texto está en el libro de Colosenses, capítulo 2 y versículos 14 y 15:

> *"anulando el acta de los decretos que había contra nosotros, que nos era contraria, quitándola de en medio y clavándola en la cruz, y despojando a los principados y a las potestades, los exhibió públicamente, triunfando sobre ellos en la cruz".*

La victoria no fue sobre algunos, sino sobre todos los principados y potestades. Por eso en la Cruz del Calvario Cristo exclamó "todo ya está consumado" ¡Él venció sobre todos los principados y potestades!

Leímos en Juan 5:22 que todo el juicio le fue dado a Jesucristo, el Padre le había entregado esa potestad. Es importante señalar que fue hasta el momento de la Cruz, allí es Cristo quien juzga completamente a las tinieblas: por eso dijo "consumado es", o todo está terminado. En la Cruz, Jesucristo juzgó y despojó a los principados y a las potestades y los exhibió públicamente, triunfando sobre ellos.

El tercer texto es Efesios 1:20 al 23:

> *"la cual operó en Cristo, resucitándole de los muertos y sentándole a su diestra en los lugares celestiales, sobre todo principado y autoridad y poder y señorío, y sobre todo nombre que se*

> *nombra, no sólo en este siglo, sino también en el venidero; y sometió todas las cosas debajo de sus pies, y lo dio por cabeza sobre todas las cosas a la iglesia, la cual es su cuerpo, la plenitud de Aquel que todo lo llena en todo".*

Cristo venció poderosamente sobre todos los principados, sobre todas las potestades, sobre todos los poderes y señoríos de las tinieblas y colocó sus pies sobre ellos. Por lo tanto, sabemos que el Señor Jesucristo no va a vencer sobre nada más, el Señor Jesucristo no va a juzgar nada más, porque Él ya juzgó en la Cruz del Calvario todo lo que debía juzgar. Y esa poderosísima victoria fue entregada a la Iglesia del Señor Jesucristo para que sea ella quien establezca esa victoria sobre la tierra.

La guerra espiritual no es para vencer a satanás, puesto que satanás y sus demonios ya fueron vencidos en la Cruz del Calvario. La guerra espiri- tual es para establecer lo que Jesús ya hizo. Es muy diferente pelear para alcanzar una victoria que para establecer una victoria que ya ha sido ganada. La Iglesia del Señor es la cabeza de la victoria de Jesucristo y es la Iglesia la que tiene que establecer lo que Jesús ganó para todos en la Cruz. Podemos entender que lo que ocurra en la tierra es lo que la Iglesia del Señor permita que ocurra. Debemos comprender que el Juicio lo tiene la iglesia de Jesús.

Entonces, resumiendo, en Daniel 7:22 leímos que **hasta que vino el Anciano de días, y se dio el**

juicio a los santos del Altísimo; y llegó el tiempo, y los santos recibieron el reino. Es importante comprender que el reino ya está aquí, y si el reino ya está aquí, los santos ya tienen el juicio.

Vimos en Mateo 4:17 que Jesús expresó **"el reino está cerca" "el reino se ha acercado"**, en Lucas 11:20 que Jesús fue aún más categórico al exclamar **"El reino ya está aquí"**, en el libro de Romanos 5:15 leímos **reinarán en vida** y en Apocalipsis 1:6 dice que somos **"reyes y sacerdotes, y reinaremos sobre la tierra"**. En Juan 5:22 dice que todo el juicio le fue dado a Cristo hasta la Cruz del Calvario: el Padre no juzga a nadie, sino que todo el juicio se lo había dado a Jesucristo hasta la Cruz, pero en la Cruz dijo "terminé la obra" **(consumado es)** y en la Cruz exhibió a los principados y a las potestades y triunfó sobre ellos en absolutamente todo. En el Libro de Efesios 1, del 21 al 23, vimos que Jesús ya triunfó sobre todos los principados y potestades y puso sus pies sobre todos, pero ahora la encargada de establecer la victoria de Cristo sobre la tierra es la Iglesia de Jesucristo, los que juzgan son los hijos de Dios, la Iglesia. La guerra espiritual no es para pelear o ganar una batalla, sino que la guerra espiritual es para establecer lo que Jesús ya hizo en la Cruz del Calvario.

SOMOS LA JUSTICIA DE DIOS

*E*l Nuevo Testamento no se inicia en el evangelio de Mateo. Hay una página entre el libro de Malaquías y el libro de Mateo que nos hace entender que ahí empieza el Nuevo Testamento, pero, de acuerdo a la misma Biblia, el Nuevo Testamento debe empezar con la muerte del testador, así que, realmente, el Nuevo Testamento comienza en el libro de los Hechos de los Apóstoles, no en los Evangelios.

La mentalidad antiguo-testamentaria es clamar por la justicia, y no está mal: de hecho, todos hemos orado, ayunado, hecho vigilias clamando por la justicia. Pero es importante entender la obra de Jesucristo en este sentido. La obra de Cristo parte el tiempo: se cierra un tiempo para empezar otro. Con la muerte y resurrección del Señor Jesucristo se cierra el tiempo de la ley y empieza el tiempo de la gracia. Se cierra el tiempo para el pueblo de Israel y comienza el tiempo de lo que en griego conocemos como εκκλησία *ecclesia*, la Iglesia del Señor, que es la Asamblea de los que, por la fe, han venido al Señor Jesucristo.

Leemos en Juan 1:11 y 12:

> *"A los suyos vino y los suyos no lo recibieron Mas a todos los que le recibieron, a los que creen en su nombre, les dio potestad de ser hechos hijos de Dios".*

De esta manera la obra de Jesucristo parte o fracciona el tiempo, cerrando uno y abriendo un tiempo diferente. Decíamos que se cierra el tiempo de Israel y se abre el tiempo de la ecclesia, la Asamblea de los que por la fe han venido a Jesucristo. Ella, la Iglesia del Señor, es la encargada de establecer lo que Cristo ganó en la Cruz del Calvario. Eso significa que la Iglesia del Señor no debe pelear para obtener la victoria, para vencer, puesto que ya Cristo venció, sino que nosotros, los hijos de Dios, hacemos guerra para establecer lo que ya Jesucristo hizo.

Decíamos que la mentalidad antiguo-testamentaria es clamar por justicia. En el Evangelio de Lucas, capítulo 18 y versículos del 1 al 8, leemos la parábola de la viuda y el Juez injusto que Jesús refiere a sus discípulos:

"También les refirió Jesús una parábola sobre la necesidad de orar siempre, y no desmayar, diciendo: Había en una ciudad un juez, que ni temía a Dios, ni respetaba a hombre. Había también en aquella ciudad una viuda, la cual venía a él, diciendo: hazme justicia de mi adversario. Y él no quiso por algún tiempo; pero después de esto dijo dentro de sí: aunque ni temo a Dios, ni tengo respeto a hombre, sin embargo, porque esta viuda me es molesta, le haré justicia, no sea que, viniendo de continuo, me agote la paciencia. Y dijo el Señor: oíd lo que dijo el juez injusto. ¿Y acaso Dios no hará justicia a sus escogidos, que claman a él día y noche? ¿Se tardará en responderles? Os digo que pronto les hará justicia. Pero cuando venga el Hijo del Hombre, ¿hallará fe en la tierra?"

Esta es la mentalidad antiguo-testamentaria: cla- mar por justicia. Vemos en este capítulo que la viuda clamaba justicia al Juez injusto. Y yo no creo de ninguna manera que Dios sea ese Juez injusto al que menciona la parábola. Cabe preguntarse, entonces, ¿quién es ese Juez injusto? En su momento lo desvelaremos.

Ante esa mentalidad del Antiguo Testamento, de clamar por justicia, debemos entender lo que significa el término "verdad presente" en referencia a la Palabra de Dios. Toda la Palabra de Dios es verdad, pero hay verdades presentes: significa lo que con la Obra de Cristo sigue vigente en este tiempo; por ejemplo, los Patriarcas tuvieron varias mujeres. Ese hecho es una verdad, pero no una verdad presente, puesto que, bajo la gracia, se estableció que cada hombre tuviera su propia mujer, una sola mujer.

Por lo tanto, tenemos que entender este concepto de "verdad presente" y aplicarlo en el contexto del tiempo para poder entender estos pasajes. Porque una cosa es la Biblia antes de la obra Cristo y otra cosa es la Biblia después de la obra de Cristo, por lo tanto, es muy importante aplicar el contexto del tiempo para entender estos pasajes.

Debemos realizar una pregunta fundamental: ¿qué somos nosotros, los hijos de Dios? De acuerdo a la segunda carta de Pablo a los Corintios capítulo 5 y versículo 21, podemos ver que este texto es medular para comprenderlo:

> *"Al que no conoció pecado, por nosotros lo hizo pecado, para que nosotros fuésemos hechos justicia de Dios en él".*

Ante la pregunta ¿qué somos? podemos responder que **somos la justicia de Dios en Cristo.** Yo quiero que usted aprenda esta verdad: una cosa es orar desde la óptica o la posición espiritual de clamar justicia, o esperar que me hagan justicia, y otra cosa es orar desde la óptica o posición espiritual de saber que yo soy la justicia. Nos cuesta comprender que yo, que cada uno de nosotros, somos la justicia de Dios en Cristo.

La Iglesia en todo el mundo es la justicia de Dios en Cristo. Por eso nosotros no clamamos por justicia, puesto que nosotros somos la justicia. ¿Qué debe suceder donde llega un hijo de Dios? Donde llega un hijo de Dios debe llegar la justicia de Dios.

Pero ¿qué sucede a veces en la vida real? Que donde llega un cristiano, un llamado cristiano, un llamado evangélico, o un llamado hijo Dios, en vez de llegar la justicia, llegan los chismes, las deudas, llega la inmoralidad, cosas que no forman parte de la justicia de Dios. Volvemos a formular la pregunta: ¿qué somos en Cristo? **Somos la justicia de Dios.**

Entonces, ¿qué debe ocurrir en el sitio donde llega un hijo de Dios? Pues que ahí debe llegar la justicia de Dios. ¿Qué debe suceder cuando llega un hijo de Dios? Pues que ahí llegan los *shefát*, los jueces. ¿Qué debe pasar donde llega un hijo de Dios? que llegan los *shefét*, es decir, las sentencias. Donde llega un hijo de Dios llegan las vindicaciones, los castigos a los opresores, la defensa de las causas injustas; llegan los que contienden contra las tinieblas, los que contienden contra la injusticia, llegan los que gobiernan, llegan los que litigan, llegan los Jueces, los que pronuncian sentencias justas.

Somos la justicia de Dios. Por medio de la obra de Cristo, somos la justicia de Dios. Por lo tanto, donde llega un hijo de Dios, ahí debe llegar la justicia de Dios. Pero sabemos y somos conscientes de que, en realidad, en el pueblo de Dios alrededor de todo el mundo, no sucede eso. Por el contrario, sucede que donde llega un hijo de Dios, lamentablemente llegan pleitos, celos, iras, chismes, fraudes, dineros que no son pagados, murmuraciones, y ninguna de esas cosas forma parte de la justicia de Dios.

Si la Palabra dice que nosotros somos la justicia de Dios en la tierra, ¿por qué no vemos esta verdad cumplida en este tiempo? Porque a la Iglesia le hace falta caminar en justicia. Nuestro reino no es un reino corrupto, nuestro reino es un reino de justicia y mientras la Iglesia no camine en justicia no va a convertirse y a manifestar la justicia de Dios en la tierra.

Concluyo este capítulo diciendo que no somos cualquier cosa: la Iglesia de Dios es la justicia de Dios en la tierra, por lo tanto, a donde llega un verdadero hijo de Dios ahí debe llegar y se debe manifestar y establecer la justicia de Dios en Cristo.

4

EL ESPÍRITU SANTO NOS CONVENCE DE PECADO

Leemos en el Evangelio de Juan, en el capítulo 16 y los versículos del 8 al 11:

"Y cuando él venga, convencerá al mundo de pecado, de justicia y de juicio. De pecado, por cuanto no creen en mí; de justicia, por cuanto voy al Padre, y no me veréis más; y de juicio, por cuanto el príncipe de este mundo ha sido ya juzgado".

En este capítulo veremos tres niveles a los que puede acceder el pueblo de Dios:

- Pecado
- Justicia
- Juicio

Leemos en este texto que el Espíritu Santo convencerá al mundo **de pecado, por cuanto no**

creen en mí, de Justicia por cuanto voy al padre y no me veréis más, pero lo que más me llama la atención es lo que afirma Jesús respecto al juicio: **de juicio por cuanto el príncipe de este mundo ha sido ya juzgado.**

Es muy significativo ver que Jesucristo no había ido aún a la cruz y el mismo Jesucristo dice: "el príncipe de este mundo ya ha sido juzgado."

¿Cómo explicamos estas palabras? Podemos decir que el sacrificio de la Cruz fue un sacrificio eterno: Jesucristo es el Cordero inmolado desde antes de la fundación del mundo.

Todos quisiéramos ser la justicia de Dios y mucho más, quisiéramos decretar los juicios de Dios, traer los juicios de Dios a la tierra, pero para poder llegar a la dimensión de justicia y juicio, el pueblo de Dios debe primero haber sido convencido de pecado.

Me gustaría que usted que está leyendo este libro hiciera la tarea de consultar en una Concordancia *Strong* y buscara todas las veces que en el Antiguo Testamento aparecen juntas las palabras justicia y juicio. Usted se va a sorprender. Son dos palabras indisociables, ya que aparecen casi todo el tiempo juntas.

¿Quién es la justicia? La justicia es el pueblo de Dios. ¿Quién forma parte de los juicios?

¿Quién está en los juicios, quiénes pueden ir a las Cortes Celestiales, quiénes pueden presentar sus demandas delante del cielo? Nuevamente lo afirmamos: el Pueblo de Dios, sabiendo que la Corte Celestial es incorruptible.

Como hijos de Dios, no podemos llegar al nivel de justicia y de juicio si primero no hemos pasado por el nivel de arrepentimiento del pecado, de ser convencidos de pecado. La iglesia de hoy no necesita prédicas emocionales, la iglesia de hoy necesita prédicas confrontativas.

Lamentablemente, en nuestro tiempo, en el pueblo de Dios encontramos todo tipo de pecados. Parte de nuestra oración debe ser que el Espíritu Santo convenza de pecado a la gente, y nuestra labor no debe ser amontonar miles de personas en un templo (si Dios nos da eso está bien), pero nuestra labor debe ser, fundamentalmente, pedir al Espíritu Santo que convenza de pecado a las personas que vienen a nuestras iglesias. El arrepentimiento es una obra del Espíritu Santo que debe manifestarse en nuestras congregaciones.

En mi vida ministerial, hubo algún momento en el que me sentí frustrado al ver tanta gente que venía a nuestra congregación, pero cuyas vidas no habían sido transformadas.

He escuchado a mucha gente orar por un avivamiento, y eso está bien, pero cuando se habla de avivamiento muchas veces se considera esta palabra como sinónimo de señales o milagros, se habla de prodigios, de sanidades, de resurrección de muertos. De esta manera, muchas veces las profecías de avivamientos se centran en las señales, prodigios y milagros y, en otros casos, las profecías de avivamiento se centran en miles de personas viniendo a Cristo. Ni lo uno ni lo otro es desechado, pero quiero que a la luz de la Palabra de Dios analicemos las características de un verdadero avivamiento y quiero que usemos el libro de los Hechos de los Apóstoles, el capítulo 19 desde el versículo 11 al versículo 20. El apóstol Pablo había llegado a Éfeso y allí se produjo un verdadero avivamiento:

> *"Y hacía Dios milagros extraordinarios por mano de Pablo, de tal manera que aún se llevaban a los enfermos los paños o delantales de su cuerpo, y las enfermedades se iban de ellos, y los espíritus malos salían. Pero algunos de los judíos, exorcistas ambulantes, intentaron invocar el nombre del Señor Jesús sobre los que tenían espíritus malos, diciendo: Os conjuro por Jesús, el que predica Pablo. Había siete hijos de un tal Esceva, judío, jefe de los sacerdotes, que hacían esto. Pero respondiendo el espíritu malo, dijo: A Jesús conozco, y sé quién es Pablo; pero vosotros, ¿quiénes sois? Y el hombre en quien estaba el espíritu malo, saltando sobre ellos y dominándolos, pudo más que ellos, de tal manera que huyeron de aquella casa desnudos y heridos. Y esto fue notorio a todos los que habitaban en Éfeso, así judíos como griegos; y tuvieron temor todos ellos, y era magnificado el nombre del Señor Jesús. Y muchos de los que habían creído venían,*

*confesando y dando cuenta de sus hechos.
Asimismo, muchos de los que habían practicado la
magia trajeron los libros y los quemaron delante de
todos; y hecha la cuenta de su precio, hallaron que
eran cincuenta mil piezas de plata. Así crecía y
prevalecía poderosamente la palabra del Señor".*

A la luz de este capítulo, quiero señalar cuatro
hechos que suceden en un verdadero avivamiento:

Número 1: Las Señales. Y hacía Dios milagros extra-
ordinarios por mano de Pablo. Qué tremendo es lo que
nos señala este texto: ellos no tenían que poner las
manos sobre un enfermo, sino que enviaban los
delantales, la ropa de Pablo, y la gente era sanada o
liberada en otra ciudad. Sin duda, esto constituye un
avivamiento: señales, liberaciones y sanidades.

Número 2: la segunda señal de un avivamiento es que
fueron avergonzados los falsos que intentaron invocar
el nombre del Señor Jesús; cuando hay un verdadero
avivamiento el Señor hace diferencia entre su pueblo y
el que no lo es; hace diferencia entre los que sí son
sus hijos y quienes no lo son, entre los que son sus
hijos y los exorcistas ambu- lantes. De hecho, la
palabra exorcismo no es una palabra que aparezca en
la Biblia para referirse a liberación, esa palabra tiene
una connotación de hechicería y brujería. Ambulantes
nos muestra que no estaban bajo la autoridad de nadie.
Entonces, la segunda señal es que el Señor avergüenza a
los que no son hijos de Dios y fingen serlo.

Número 3: la tercera señal es la transformación del territorio, porque todo Éfeso fue transformado por el Señor. No solo miles de personas viniendo a Cristo, sino territorios transformados por el Señor (y en esto tenemos autoridad).

Número 4: la cuarta señal es multitudes viniendo a Cristo, pero muchos de los que creían venían confesando y dando cuenta de sus hechos. Un verdadero avivamiento está centrado en la transformación de las personas, un verdadero avivamiento está centrado en el arrepentimiento. Leemos en el texto citado que la gente venía y Dios comenzó a tocar a la gente en ese avivamiento, y las personas daban cuenta de sus hechos, no solamente daban testimonios de la sanación, de lo que Dios había hecho o que habían conseguido un buen trabajo. Ellos confesaban sus pecados, y traían por miles libros de magia y los quemaban en la plaza principal. Ellos abandonaban sus pecados. He leído en los libros de los grandes avivamientos cómo narran que todo avivamiento trajo arrepentimiento y confesión de pecados, no solamente señales.

Hoy, cuando se habla de avivamiento, se centra todo en las señales, –eso es hermoso y eso está bien–, pero no lo es todo, ni es lo más importante. He leído que, a lo largo de la historia, donde hubo avivamientos, ocurrió lo que ocurrió en Éfeso: la gente estaba sentada en la silla y de repente empezó a gritar como si estuviera experimentando el mismo infierno, pidiendo perdón de sus pecados y arrepintiéndose. En la actualidad, cuántas personas han estado por veinte años sentados en una silla y jamás han querido dejar su viejo estilo de vida.

Por lo tanto, podemos afirmar que un avivamiento trae señales, un avivamiento avergüenza a los que no son hijos de Dios y fingen serlo, un avivamiento hace que el territorio sea transformado, y un avivamiento trae a miles que son verdaderamente transformados por Dios, puesto que son convencidos de pecado por el Espíritu Santo.

A nosotros nos ocurrió algo que nos ayudó a comprender la voluntad del Señor sobre este tema: experimentamos un mover de Dios por espacio de unos seis meses. El Señor empezó a hacer señales poderosas: llovía escarcha de oro en las reuniones y aparecían piedras preciosas, como diamantes, zafiros y esmeraldas (de esto tenemos evidencia), pero un día el Señor me dijo "Franky, la gente está entrando en apostasía. La gente no viene a adorarme, la gente viene a ver qué piedra le cae". Y el Señor me dijo: "yo te voy a seguir respaldando, pero tú tienes el poder para frenar esto porque mi pueblo está entrando en apostasía. Tú decides
-me dijo el Señor- si caen más piedras o no". Yo lloré delante del Señor y le dije: "Señor, yo decido que sea tu Presencia por lo que la gente venga a nuestras reuniones". De vez en cuando siguen cayendo piedras, pero ya no tan seguido como en

ese tiempo. Cuando esa manifestación se acabó, mucha gente dejó de venir, pero realmente quedaron los que verdaderamente venían a adorar a Dios. Es muy peligroso centrar un avivamiento solamente en las señales. Tenemos que ser equilibrados; en un avivamiento debe haber señales, pero también sucederá que el Señor avergüence a los que no son hijos de Dios y fingen serlo, producirá una genuina transformación del territorio y miles de personas llegarán a Cristo. Y esos miles vendrán convencidos de pecado y sus vidas serán totalmente restauradas.

En el fondo, la Iglesia está llena de los pecados más terribles y eso lo hablamos en general. Debemos meternos con el Espíritu Santo no solo para pedir señales, sino para que el Espíritu Santo nos convenza de pecado; yo me he llevado muchísimas sorpresas en este caminar con Dios, como, por ejemplo, haber levantado a un paralítico y haber creído que a causa de esa sanidad mucha gente vendría a Cristo, para darme cuenta que, después de esa sanación, ese hombre solamente permaneció alrededor de un mes en la congregación; volvió al alcoholismo y se apartó del Señor blasfemando de Dios, blasfemando de la Iglesia y convirtiéndose en un enemigo tras estar literalmente inmóvil unos 15 años. Y lo más triste es que hasta el día de hoy ese hombre sigue viviendo igual.

Muchos líderes que pensábamos que caminaban en orden con Dios, resultaron tener vidas realmente

desastrosas. Mucha gente fluyendo en los dones del
Espíritu Santo, pero con vidas que no agradan a Dios.
Una de mis conclusiones en este tiempo ha sido:
"Franky no te dejes deslumbrar por los dones del
Espíritu Santo de nadie porque la gente puede fluir en
los dones y eso ser un velo para que uno jamás se dé
cuenta de lo que pasa en la vida real con esa
persona." En el fondo, algo de lo que más me
impresiona es caminar con gente, ver cómo viven,
ver cómo se comportan, ver a sus familias y ver su
carácter en este tiempo; eso me impresiona más que
los dones. Concluyo este capítulo con Mateo capítulo 7,
versículo 22, en el que el Señor Jesucristo aseguró
algo a lo que no le damos tanta importancia.

> *"Muchos me dirán en aquel día: Señor, Señor,*
> *¿no profetizamos en tu nombre, y en tu nombre*
> *echamos fuera demonios, y en tu nombre hicimos*
> *muchos milagros? Y entonces les declararé: nunca*
> *os conocí; apartaos de mí, hacedores de maldad".*

Estamos hablando de que muchos le dirán en aquel día
que profetizaban, que hacían liberaciones y hacían
muchos milagros, pero Dios les dice: "no los
conozco", lo cual significa que nunca tuvieron
intimidad con el Señor; eso que hacían no era producto
de la intimidad conmigo –dice Dios–; era,
sencillamente, producto de los dones. Los dones del
Espíritu Santo son por gracia, y son irrevocables, eso
significa que una persona puede estar en pecado

y estar fluyendo en la profecía, estar fluyendo en la liberación, estar fluyendo en milagros y al final Dios decir "no te conozco: apártate de mí, hacedor de maldad."

Esto de la Unción de Juez es algo más alto de lo que usted se puede imaginar. La unción de juez no es solamente profetizar, no es solamente echar fuera un demonio o hacer un milagro. La unción de juez es traer la justicia de Dios sobre la tierra y tiene que ver con el destino de las ciudades y de las naciones, y eso solo lo vamos a lograr con gente que haya pasado por este punto; gente que ha sido convencida de pecado por el Espíritu Santo.

EL TRONO DE DIOS

"Jehová reina; regocíjese la tierra, Alégrense las muchas costas. Nubes y oscuridad alrededor de él; Justicia y juicio son el cimiento de su trono. Fuego irá delante de él, y abrasará a sus enemigos alrededor. Sus relámpagos alumbraron el mundo; La tierra vio y se estremeció. Los montes se derritieron como cera delante de Jehová, delante del Señor de toda la tierra".

(Salmos 97:1-5)

C uando hablamos de intercesión judicial, uno de los temas que más debemos entender es el trono de Dios: este es el máximo estrado judicial del universo.

Una de las cosas que me parecen más poderosas es que este estrado judicial es incorruptible. La mayor parte de los estrados judiciales de las naciones han sido corrompidos, pero el trono de Dios y sus cortes son incorruptibles.

La base del Trono de Dios es la justicia y el juicio. Como se ha mencionado en el capítulo 3 de este libro, los santos del Altísimo somos la justicia de Dios en Cristo, además, hemos recordado que todo el juicio le fue dado a los santos del Altísimo.

No queremos centrar todo este libro en nosotros, pero, si el fundamento del trono de Dios es la justicia y el juicio, y nosotros somos la justicia de Dios y el juicio le fue dado a los santos del Altísimo, los fundamentos del trono de Dios somos nosotros, la esposa de Jesucristo.

Muchos cristianos tienen la concepción de que el Trono de Dios está en otro planeta, pero de acuerdo a lo que acabo de decir, el trono de Dios está entre los verdaderos hijos de Dios que caminan en justicia.

Me gustaría que cada lector pudiera hacer un aná- lisis exhaustivo de todas las veces que aparecen juntas las palabras justicia y juicio en la Biblia, nos vamos a sorprender. Veamos solo unos textos donde aparecen juntas estas dos maravillosas palabras.

• La justicia y el juicio son generacionales:

> *"Porque yo sé que mandará a sus hijos y a su casa después de sí, que guarden el camino de Jehová, haciendo justicia y juicio, para que haga venir Jehová sobre Abraham lo que ha hablado acerca de él".*

(Génesis 18:19)

• Las personas que Dios coloca en el gobierno deben traer justicia y juicio:

> *"Bendito sea Jehová tu Dios, el cual se ha agradado de ti para ponerte sobre su trono como rey para Jehová tu Dios; por cuanto tu Dios amó a Israel para afirmarlo perpetuamente, por eso te ha puesto por rey sobre ellos, para que hagas juicio y justicia".*

(2 Crónicas 9:8)

• Debemos orar para que Dios traiga justicia y juicio:

> *"Oh Dios, da tus juicios al rey, Y tu justicia al hijo del rey. Él juzgará a tu pueblo con justicia, Y a tus afligidos con juicio. Los montes llevarán paz al pueblo, Y los collados justicia. Juzgará a los afligidos del pueblo, Salvará a los hijos del menesteroso, Y aplastará al opresor".*

(Salmos 72:1-4)

• La justicia y el juicio deben ser cantados:

> *"Misericordia y juicio cantaré; A ti cantaré yo, oh Jehová".*

(Salmos 101:1)

• Cuando se reúne el pueblo de Dios, ahí se manifiestan las sillas del juicio:

> *"Yo me alegré con los que me decían: A la casa de Jehová iremos. Nuestros pies estuvieron*

dentro de tus puertas, oh Jerusalén. Jerusalén, que se ha edificado como una ciudad que está bien unida entre sí. Y allá subieron las tribus, las tribus de JAH, Conforme al testimonio dado a Israel, Para alabar el nombre de Jehová. Porque allá están las sillas del juicio, Los tronos de la casa de David".

(Salmos 122:1-5)

• Justicia y juicio son mejor que los sacrificios:

"Hacer justicia y juicio es a Jehová más agradable que los sacrificios".

(Proverbios 21:3)

• Justicia y juicio son una forma de juzgar el espíritu de mentira:

"Y ajustaré el juicio a cordel, y a nivel la justicia; y granizo barrerá el refugio de la mentira, y aguas arrollarán el escondrijo".

(Isaías 28:17)

• La justicia y el juicio son para librar a los oprimidos:

"Así ha dicho Jehová: Haced juicio y justicia, y librad al oprimido de mano del opresor, y no engañéis ni robéis al extranjero, ni al huérfano ni a la viuda, ni derraméis sangre inocente en este lugar".

(Jeremías 22:3)

- Justicia y juicio son una obra de Cristo:

  "He aquí que vienen días, dice Jehová, en que levantaré a David renuevo justo, y reinará como Rey, el cual será dichoso, y hará juicio y justicia en la tierra".

  (Jeremías 23:5)

- Los ministros deben hacer justicia y juicio:

  "Así ha dicho Jehová el Señor: ¡Basta ya, oh príncipes de Israel! Dejad la violencia y la rapiña. Haced juicio y justicia; quitad vuestras imposiciones de sobre mi pueblo, dice Jehová el Señor".

  (Ezequiel 45:9)

- Justicia y juicio son características de la esposa de Cristo:

  "Y te desposaré conmigo para siempre; te desposaré conmigo en justicia, juicio, benignidad y misericordia".

  (Oseas 2:19)

- La inmoralidad y el consumo de alcohol le quitan al pueblo de Dios la habilidad de juzgar:

  "Fornicación, vino y mosto quitan el juicio".

  (Oseas 4:11)

Y de esa misma forma encontramos en la Biblia gran cantidad de textos donde las palabras justicia y juicio están ligadas. Además de estos dos fundamentos del Trono de Dios, este tiene varios componentes que veremos a la luz del capítulo 4 de Apocalipsis.

COMPONENTES DEL TRONO DE DIOS

La Corte celestial

Para poder analizar el trono de Dios y la corte celestial tenemos que leer el libro de Apocalipsis, el capítulo 4, desde el versículo 1 al 4:

> *"Después de esto miré, y he aquí una puerta abierta en el cielo; y la primera voz que oí, como de trompeta, hablando conmigo, dijo: Sube acá, y yo te mostraré las cosas que sucederán después de estas. Y al instante yo estaba en el Espíritu; y he aquí, un trono establecido en el cielo, y en el trono, uno sentado. Y el aspecto del que estaba sentado era semejante a piedra de jaspe y de cornalina; y había alrededor del trono un arco iris, semejante en aspecto a la esmeralda. Y alrededor del trono había veinticuatro tronos; y vi sentados en los tronos a veinticuatro ancianos, vestidos de ropas blancas, con coronas de oro en sus cabezas. Y del trono salían relámpagos y truenos y voces; y delante del trono ardían siete lámparas de fuego, las cuales son los siete espíritus de Dios. Y delante del trono había como un mar de vidrio semejante al cristal; y junto al trono, y alrededor del trono, cuatro*

seres vivientes llenos de ojos delante y detrás. El primer ser viviente era semejante a un león; el segundo era semejante a un becerro; el tercero tenía rostro como de hombre; y el cuarto era semejante a un águila volando. Y los cuatro seres vivientes tenían cada uno seis alas, y alrededor y por dentro estaban llenos de ojos; y no cesaban día y noche de decir: Santo, santo, santo es el Señor Dios Todopoderoso, el que era, el que es, y el que ha de venir. Y siempre que aquellos seres vivientes dan gloria y honra y acción de gracias al que está sentado en el trono, al que vive por los siglos de los siglos, los veinticuatro ancianos se postran delante del que está sentado en el trono, y adoran al que vive por los siglos de los siglos, y echan sus coronas delante del trono, diciendo: Señor, digno eres de recibir la gloria y la honra y el poder; porque tú creaste todas las cosas, y por tu voluntad existen y fueron creadas".

El Trono de Dios debe ser revelado a nuestras vidas, así como Juan pudo subir para verlo, nosotros debemos ascender en la revelación para ver cómo funciona y poder llevar nuestra demanda ante este estrado judicial.

Los componentes del trono de Dios son:

- **Número 1: El trono de Dios**

> *"Y al instante yo estaba en el Espíritu; y he aquí, un trono establecido en el cielo, y en el trono, uno sentado".*
>
> **(Apocalipsis 4:2)**

> *"Al que venciere, le daré que se siente conmigo en mi trono, así como yo he vencido, y me he sentado con mi Padre en su trono".*

> **(Apocalipsis 3:21)**

¿Quién está sentado en ese estrado judicial? El Padre, Jesucristo y nosotros. No existen tres tronos en el cielo; hay un solo trono. ¿Cómo es posible que el Padre, Jesucristo y nosotros nos sentemos en el mismo trono? No es difícil de explicar de acuerdo a estas escrituras:

> *"Jesús le dijo: ¿Tanto tiempo hace que estoy con vosotros, y no me has conocido, Felipe? El que me ha visto a mí, ha visto al Padre; ¿cómo, pues, dices tú: Muéstranos el Padre".*

> **(Juan 14:9)**

> *"Yo y el Padre uno somos".*

> **(Juan 10:30)**

> *"Pero el que se une al Señor, un espíritu es con Él"*

> **(1Corintios 6:17)**

> *"Al que venciere, le daré que se siente conmigo en mi trono, así como yo he vencido, y me he sentado con mi Padre en su trono".*

> **(Apocalipsis 3:21)**

Los que nos hemos hecho uno con Cristo, y ya no vivimos nosotros, sino que es Cristo viviendo en nosotros, nos podemos sentar en el mismo trono en el que se sienta el Padre y Cristo.

A la luz de estas Escrituras nos queda totalmente claro por qué razón en el Trono está sentado el Padre, está sentado Jesucristo y estamos sentados nosotros.

• **Número 2: Los 24 ancianos.**

"Y alrededor del trono había veinticuatro tronos; y vi sentados en los tronos a veinticuatro ancia- nos, vestidos de ropas blancas, con coronas de oro en sus cabezas".

(Apocalipsis 4:4)

¿Quiénes pueden ser esos 24 ancianos? Existen varias teorías al respecto. La Teología puede entregarnos al menos dos de esas explicaciones.

La primera versión refiere que son los 12 patriarcas fundadores de las 12 tribus de Israel y los 12 Apóstoles. Los que creen en esta versión se basan en el libro Apocalipsis, capítulo 21 y versículo 12:

"Tenía un muro grande y alto con doce puertas; y en las puertas, doce ángeles, y nombres inscritos, que son los de las doce tribus de los hijos de Israel".

También en el libro de Apocalipsis, capítulo 21 y versículo 14:

"Y el muro de la ciudad tenía doce cimientos, y sobre ellos los doce nombres de los doce apóstoles del Cordero".

Y, específicamente, en el evangelio de Mateo, capítulo 19 y versículo 28

> *"Y Jesús les dijo: De cierto os digo que, en la regeneración, cuando el Hijo del Hombre se siente en el trono de su gloria, vosotros que me habéis seguido también os sentaréis sobre doce tronos, para juzgar a las doce tribus de Israel".*

Entonces, los que creen esta versión piensan que los doce patriarcas fundadores de las doce tribus y los 12 Apóstoles de Jesucristo hacen parte de los 24 ancianos.

La segunda versión señala que el número 24 es representativo de la Iglesia de Jesucristo. Así que cuando se habla de los 24 ancianos se explica que ellos representan al pueblo de Dios que es la Iglesia del Señor Jesucristo. Pero yo creo que esa posibilidad se puede descartar desde la óptica de que la que se sienta en el mismo trono de Jesucristo es la Iglesia, en este sentido los veinticuatro ancianos deberían ser personas totalmente diferentes.

La tercera versión señala que los 24 ancianos son la nube de testigos y yo me inclino hacia ella.

Para entender en profundidad la nube de testigos, tendríamos que mirar el Libro de Hebreos, capítulo 12 y versículo 1:

> *"Por tanto, nosotros también, teniendo en derredor nuestro tan grande nube de testigos, despojémonos de todo peso y del pecado que nos asedia, y corramos con paciencia la carrera que tenemos por delante".*

¿Quiénes son entonces los que forman la nube de testigos? Recordemos que en la versión original de la Biblia no existen ni capítulos ni títulos ni números, todos estos son añadiduras posteriores. Por lo tanto, el texto que corresponde a Hebreos 12 es un consecutivo de Hebreos 11. Ambos textos conforman un mismo rollo. Entonces la nube de testigos son los mal llamados héroes de la fe. Estos hombres pudieron mover lo eterno, están en esta lista porque pudieron llevar a su tiempo lo que no había sido hecho (la obra de la Cruz) que ya había sido hecha (recordemos que Jesucristo es el cordero inmolado antes de la fundación del mundo). Esos héroes de la fe que son personajes del Antiguo Testamento, que lograron traer a su tiempo la obra de la cruz del Calvario y lograron llevar a su tiempo la obra del Cordero inmolado antes de la fundación del mundo. Por esta razón estos hombres quedaron en la galería de los que llamamos los hombres de la fe.

¿Cuál es la función de ellos en esta Corte? La fun- ción de la nube de testigos es precisamente eso: dar testimonio. Ellos son testigos desde los lugares eternos a nuestro favor. Son testigos y dan testimonio en medio de las demandas ante las diferentes cortes celestiales. No puedo hablar de ello en detalle en este libro, pero hemos tenido diversas experiencias con la nube de testigos en las diferentes demandas, por eso es tan importante pedir que Dios nos revele este   tan poderoso, pero tan desconocido tema.

Alguien me podrá decir: "pero ellos están muertos", y no es así; sus cuerpos dejaron de funcionar, sus cuerpos murieron, eso significa que se separaron el cuerpo, el alma y el espíritu, pero recordemos que el que está en Cristo no muere, recordemos que somos espíritus indestructibles y eternos. Jesucristo dijo en Juan 11:25:

"Le dijo Jesús: Yo soy la resurrección y la vida; el que cree en mí, aunque esté muerto, vivirá".

Eso no significa que podamos llamarlos, o invocarlos: eso es una práctica que corresponde al espiritismo. En cambio, estamos hablando de una experiencia única dada por el Espíritu Santo en una Corte.

Sé que ustedes tendrán muchas preguntas, pero necesitamos hoy más que nunca pedirle al Espíritu Santo una profunda revelación sobre este tema de la nube de testigos.

- **Número 3: Los 7 Espíritus de Dios.**

"Y del trono salían relámpagos y truenos y voces; y delante del trono ardían siete lámparas de fuego, las cuales son los siete espíritus de Dios".

(Apocalipsis 4:5)

"Y reposará sobre él el Espíritu de Jehová; espíritu de sabiduría y de inteligencia, espíritu de consejo y de poder, espíritu de conocimiento y de temor de Jehová".

(Isaías 11:2)

"Y me dijo: ¿Qué ves? Y respondí: He mirado, y he aquí un candelabro todo de oro, con un depósito encima, y sus siete lámparas encima del candelabro, y siete tubos para las lámparas que están encima de él;

(Zacarías 4:2)

"Harás además un candelero de oro puro; labrado a martillo se hará el candelero; su pie, su caña, sus copas, sus manzanas y sus flores, serán de lo mismo. Y saldrán seis brazos de sus lados; tres brazos del candelero a un lado, y tres brazos al otro lado. Tres copas en forma de flor de almendro en un brazo, una manzana y una flor; y tres copas en forma de flor de almendro en otro brazo, una manzana y una flor; así en los seis brazos que salen del candelero; y en la caña central del candelero cuatro copas en forma de flor de almendro, sus manzanas y sus flores. Habrá una manzana debajo de dos brazos del mismo, otra manzana debajo de otros dos brazos del mismo, y otra manzana debajo de los otros dos brazos del mismo, así para los seis brazos que salen del candelero. Sus manzanas y sus brazos serán de una pieza, todo ello una pieza labrada a martillo, de oro puro. Y le harás siete lamparillas, las cuales encenderás para que alumbren hacia adelante. También sus despabiladeras y sus platillos, de oro puro. De un talento de oro fino lo harás, con todos estos utensilios. Mira y hazlos conforme al modelo que te ha sido mostrado en el monte".

(Éxodo 25:31-40)

Para poder entrar en las cortes celestiales, es de vital importancia entender los siete Espíritus de Dios y cómo actúan impartiendo al pueblo de Dios.

La Menorah, ó –el candelabro judío del Tabernáculo–, está muy ligado a los siete Espíritus de Dios, los cuales son siete formas diferentes en las que el Espíritu Santo imparte a la Iglesia. Son también siete facultades que son entregadas al pueblo de Dios para movernos en el diario vivir, pero también para poder movernos en las Cortes Celestiales.

Es imposible movernos en las Cortes Celestiales sin estas siete facultades de los siete espíritus de Dios. Voy a tratar de explicarlos de una forma muy sencilla, pero nuevamente tenemos que pedir al Espíritu Santo revelación sobre ello:

1. Espíritu de Jehová.

En el idioma hebreo **Ruaj Ha Kodesh**, es traducido como el Espíritu de Dios mismo, es el Espíritu del Creador, el Espíritu del productor de la vida.

> *"Y la tierra estaba desordenada y vacía, y las tinieblas estaban sobre la faz del abismo, y el Espíritu de Dios se movía sobre la faz de las aguas".*

> **(Génesis 1:2)**

Este es el autor de la vida, creador juntamente con el Padre y con Cristo. Las personas que reciben esta facultad del Ruaj Ha Kodesh o del Espíritu de Jehová son personas con una extraordinaria facultad creativa, poseen una gran imaginación, una especial capacidad de realizar inventos o fabricar cosas nuevas. Las personas que reciben este espíritu o esta facultad pueden traer a la existencia ideas maravillosas, recuerden que es el mismo Espíritu del Creador.

2. Espíritu de sabiduría.

El Espíritu de sabiduría es llamado en el idioma hebreo como **Ruaj Jojmah**. Podemos afirmar que es una habilidad dada por el Espíritu Santo para hablar y actuar con sensatez, con prudencia, con dirección divina de acuerdo a las Sagradas Escrituras, pero respecto a la naturaleza de Dios también tiene que ver con aplicar y usar correctamente la inteligencia. He aprendido que una persona puede ser inteligente y no ser sabia. La persona que recibe el espíritu de sabiduría tiene la habilidad de proyectar y traer diseños a la existencia.

> *"Y tú hablarás a todos los sabios de corazón, a quienes yo he llenado de espíritu de sabiduría, para que hagan las vestiduras de Aarón, para consagrarle para que sea mi sacerdote".*

> **(Éxodo 28:3)**

> *"y lo ha llenado del Espíritu de Dios, en sabiduría, en inteligencia, en ciencia y en todo arte, para proyectar diseños, para trabajar en oro, en plata*

y en bronce, y en la talla de piedras de engaste, y en obra de madera, para trabajar en toda labor ingeniosa. Y ha puesto en su corazón el que pueda enseñar, así él como Aholiab hijo de Ahisamac, de la tribu de Dan; y los ha llenado de sabiduría de corazón, para que hagan toda obra de arte y de invención, y de bordado en azul, en púrpura, en carmesí, en lino fino y en telar, para que hagan toda labor, e inventen todo diseño".

(Éxodo 35:31-35)

"Así, pues, Bezaleel y Aholiab, y todo hombre sabio de corazón a quien Jehová dio sabiduría e inteligencia para saber hacer toda la obra del servicio del santuario, harán todas las cosas que ha mandado Jehová".

(Éxodo 36:1)

La persona que tiene esta impartición del Espíritu Santo o sea el **Ruaj Jojmah** tiene una conexión de su cerebro con la mente humana, la mente del alma y la mente del espíritu para proyectar los diseños de Dios. Recordemos que los seres humanos tenemos tres mentes: la mente física, que es el centro de procesamiento o el cerebro, la mente del alma que es una mente inmaterial, pero es la que puede guardar todos los recuerdos, y la mente del espíritu donde se recibe toda la sabiduría e inteligencia espiritual. Así que la persona que recibe la impartición del espíritu de sabiduría tiene la habilidad de conectar la mente del cerebro con la mente del alma y la mente del espíritu para proyectar los diseños de Dios en la tierra.

3. Espíritu de inteligencia.

Del hebreo **Ruaj Binah**, el Espíritu de inteligencia es una impartición sobrenatural del Espíritu Santo, donde la persona que la recibe tiene la facultad de desarrollar la mente humana, la mente del alma y la mente del Espíritu como una mente superior a la de cualquier ser humano natural. Esta persona desarrolla una habilidad de aprender, de entender, de razonar, de creer, de tomar decisiones de una manera rápida, concreta y acertada; todo ello alineado a la mente de Cristo. Definitivamente las personas que reciben la impartición del **Ruaj Binah** no tienen la necesidad de estar estudiando tanto, sino que la inteligencia y el coeficiente intelectual que tienen, los lleva a aprender de una manera muy rápida.

"A estos cuatro muchachos Dios les dio conocimiento e inteligencia en todas las letras y ciencias; y Daniel tuvo entendimiento en toda visión y sueños".

(Daniel 1:17)

Notemos como los que recibieron esta impartición del **Ruaj Binah,** Dios les dio esa inteligencia. Ya no es sabiduría, es inteligencia para poder captar, recibir y entender, aún sin haber estudiado todo el conocimiento, las letras y las ciencias –además del entendimiento espiritual– porque Daniel tenía esta habilidad y facultad para interpretar todos los sueños y todas las visiones.

> *"Sin embargo, hablamos sabiduría entre los que han alcanzado madurez; y sabiduría, no de este siglo, ni de los príncipes de este siglo, que perecen,   mas hablamos sabiduría de Dios en misterio, la sabiduría oculta, la cual Dios predestinó antes de los siglos para nuestra gloria, la que ninguno de los príncipes de este siglo conoció; porque si la hubieran conocido, nunca habrían crucificado al Señor de gloria. Antes bien, como está escrito:*
>
> *Cosas que ojo no vio, ni oído oyó, ni han subido en corazón de hombre, son las que Dios ha preparado para los que le aman.*
>
> *Pero Dios nos las reveló a nosotros por el Espíritu; porque el Espíritu todo lo escudriña, aun lo profundo de Dios".*

(1 Corintios 2:6-10)

4. Espíritu de Consejo.

Ruaj Etzah, en hebreo, es el Espíritu de consejo. La persona que recibe esta impartición del Espíritu Santo tiene la habilidad de conectar su boca a la del Espíritu de Dios para dar orientación acertada respecto a una situación particular. Sin haber estudiado consejería familiar o psicología, –que está muy bien–, pero he encontrado personas en medio del pueblo de Dios que fueron ministradas por el **Ruaj Etzai** y cada vez que abren su boca pueden dar una orientación tremendamente acertada respecto a una situación particular.

> *"Muchos pensamientos hay en el corazón del hombre; mas el consejo de Jehová permanecerá".*
>
> **(Proverbios 19:21)**

5. Espíritu de Poder.

Del hebreo **Ruaj Geyurah,** el Espíritu de Poder. Es el poder de Dios. La persona que ha recibido esta impartición del Espíritu Santo puede traer demostración del poder de Dios con señales, milagros y prodigios.

> *"Y de repente vino del cielo un estruendo como de un viento recio que soplaba, el cual llenó toda la casa donde estaban sentados; y se les aparecieron lenguas repartidas, como de fuego, asentándose sobre cada uno de ellos. Y fueron todos llenos del Espíritu Santo, y comenzaron a hablar en otras lenguas, según el Espíritu les daba que hablasen".*
>
> **(Hechos 2:2-4)**

> *"Porque no me avergüenzo del evangelio porque es poder de Dios para salvación a todo aquel que cree, al judío primeramente y también al griego".*
>
> **(Romanos 1:16)**

> *"y ni mi palabra ni mi predicación fue con palabras persuasivas de humana sabiduría, sino con demostración del Espíritu y de poder, para que vuestra fe no esté fundada en la sabiduría de los hombres, sino en el poder de Dios".*

(1 Corintios 2:4-5)

Voy más profundo: creo firmemente que en el **Ruaj Geyura** están los nueve dones del Espíritu Santo, que son facultades de Dios dadas por el Espíritu Santo para poder movernos en una parte de su omnipotencia. Dios es omnipotente, es Todo- poderoso, pero el Espíritu Santo imparte cierta parte de su poder a seres humanos para que puedan moverse dentro de las Cortes. Miremos somera- mente los nueve dones del Espíritu Santo, que están en 1 de Corintios, capítulo 12 y del versículo 8 al versículo 10:

> *"Porque a éste es dada por el Espíritu palabra de sabiduría; a otro, palabra de ciencia según el mismo Espíritu; a otro, fe por el mismo Espíritu; y a otro, dones de sanidades por el mismo Espíritu. A otro, el hacer milagros; a otro, profecía; a otro, discernimiento de espíritus; a otro, diversos géneros de lenguas; y a otro, interpretación de lenguas".*

Los 9 dones del Espíritu Santo, son facultades o imparticiones del mismo, para que los hijos de Dios se puedan mover en cierta parte del poder de Dios.

Los 9 dones del Espíritu Santo son: 1-

    Palabra de Sabiduría,

2-   Palabra de Ciencia,

3-   Fe,

4-   Sanidades,

5-   Milagros,

6-   Profecía,

7-   Discernimiento de espíritus,

8-   Lenguas

9-   Interpretación de lenguas.

Todos los dones del Espíritu Santo son necesarios en el cuerpo.

6. Espíritu de conocimiento.

El sexto Espíritu de Dios es el espíritu de cono-cimiento, en hebreo **Ruaj Daat**. Es una impartición del Espíritu que nos sirve para conocer a Dios y sus misterios; tiene que ver mucho con la revelación. Las personas que tienen esta impartición tienen la habilidad de correr los velos espirituales. Cada vez que habla la persona que tiene esta impartición, tiene la habilidad de hacer entender las Sagradas Escrituras con revelación y con una profundidad tremenda, la persona que tiene esta impartición puede correr los velos espirituales.

"Sin embargo, hablamos sabiduría entre los que han alcanzado madurez; y sabiduría, no de este siglo, ni de los príncipes de este siglo, que perecen.

Mas hablamos sabiduría de Dios en misterio, la sabiduría oculta, la cual Dios predestinó antes de los siglos para nuestra gloria, la que ninguno de los príncipes de este siglo conoció; porque si la hubieran conocido, nunca habrían crucificado al Señor de gloria. Antes bien, como está escrito:

Cosas que ojo no vio, ni oído oyó, ni han subido en corazón de hombre, Son las que Dios ha preparado para los que le aman.

Pero Dios nos las reveló a nosotros por el Espíritu; porque el Espíritu todo lo escudriña, aun lo profundo de Dios".

(1 Corintios 2:6-10)

7. Espíritu de temor de Jehová.

En hebreo se lee **Ruaj Yirat.** Esta es una impartición del Espíritu Santo para convencer de pecado, para aborrecer el mal, para caminar en santidad.

La gente de este tiempo ama el Espíritu de poder de Jehová, pero no pide casi nunca ser lleno del Espíritu de temor de Jehová. El que tiene esta habilidad no solo puede caminar en el temor del Señor, sino que tiene la habilidad de llevar a otros a caminar de la misma manera.

En el libro de proverbios leemos que el principio de la sabiduría es el temor a Jehová. Creo que dentro del temor de Jehová están los frutos del Espíritu Santo:

"Mas el fruto del Espíritu es amor, gozo, paz, paciencia, benignidad, bondad, fe, mansedumbre, templanza; contra tales cosas no hay ley".

(Gálatas 5:22 y 23)

Manifestar los frutos del Espíritu Santo es lo absolutamente opuesto a caminar en las obras de la carne, que es lo contrario al temor de Dios.

"Y manifiestas son las obras de la carne, que son: adulterio, fornicación, inmundicia, lascivia, idolatría, hechicerías, enemistades, pleitos, celos, iras, contiendas, disensiones, herejías, envidias, homicidios, borracheras, orgías, y cosas semejantes a estas; acerca de las cuales os amonesto, como ya os lo he dicho antes, que los que practican tales cosas no heredarán el reino de Dios".

(Gálatas 5:19-21)

Concluyo diciendo que los siete espíritus de Dios son imparticiones del Espíritu Santo a cada creyente. No creo que una persona los pueda tener todos, puesto que somos un cuerpo y todos nos necesitamos mutuamente. Con estas habilidades dadas por el Espíritu Santo podemos llegar ante las Cortes Celestiales para presentar nuestras demandas y activar lo angelical. Cada persona que tiene una de estas siete imparticiones del Espíritu Santo: el espíritu de sabiduría, el espíritu de inteligencia, el espíritu de consejo, el espíritu de poder, el espíritu del conocimiento, el espíritu de temor de Jehová, tienen una especialización dentro de los Jueces para poder mover las cortes celestiales.

Número 4: Los seres vivientes.

"Y delante del trono había como un mar de vidrio semejante al cristal; y junto al trono, y alrededor del trono, cuatro seres vivientes llenos de ojos delante y detrás. El primer ser viviente era semejante a un león; el segundo era semejante a un becerro; el tercero tenía rostro como de hombre; y el cuarto era semejante a un águila volando. Y los cuatro seres vivientes tenían cada uno seis alas, y alrededor y por dentro estaban llenos de ojos; y no cesaban día y noche de decir: Santo, santo, santo es el Señor Dios Todopoderoso, el que era, el que es, y el que ha de venir".

(Apocalipsis 4:6-8)

"Y el aspecto de sus caras era cara de hombre, y cara de león al lado derecho de los cuatro, y cara de buey a la izquierda en los cuatro; asimismo había en las cuatro caras de águila".

(Ezequiel 1:10)

"Y miré, y he aquí venía del norte un viento tempestuoso, y una gran nube, con un fuego envolvente, y alrededor de él un resplandor, y en medio del fuego algo que parecía como bronce refulgente, y en medio de ella la figura de cuatro seres vivientes. Y esta era su apariencia: había

en ellos semejanza de hombre. Cada uno tenía cuatro caras y cuatro alas. Y los pies de ellos eran derechos, y la planta de sus pies como planta de pie de becerro; y centelleaban a manera de bronce muy bruñido. Debajo de sus alas, a sus cuatro lados, tenían manos de hombre; y sus caras y sus alas por los cuatro lados. Con las alas se juntaban el uno al otro. No se volvían cuando andaban, sino que cada uno caminaba derecho hacia adelante. Y el aspecto de sus caras era cara de hombre, y cara de león al lado derecho de los cuatro, y cara de buey a la izquierda en los cuatro; asimismo había en los cuatro cara de águila. Así eran sus caras. Y tenían sus alas extendidas por encima, cada uno dos, las cuales se juntaban; y las otras dos cubrían sus cuerpos".

(Ezequiel 1:4-11)

"Estos eran los mismos seres vivientes que vi debajo del Dios de Israel junto al río Quebar; y conocí que eran querubines. Cada uno tenía cuatro caras y cada uno cuatro alas, y figuras de manos de hombre debajo de sus alas. Y la semejanza de sus rostros era la de los rostros que vi junto al río Quebar, su misma apariencia y su ser; cada uno caminaba derecho hacia adelante".

(Ezequiel 10:20-22)

Entonces, de acuerdo a Ezequiel 10:20, vemos que estos mismos seres vivientes que aparecen en Apocalipsis son querubines. Los querubines son ángeles de alto rango, Lucero también era un querubín. Una de las funciones de los querubines es proteger y también estár ligados a la Gloria de Dios. Veamos todo el capítulo 10 del libro de Ezequiel: es fascinante.

"Miré, y he aquí en la expansión que había sobre la cabeza de los querubines como una piedra de zafiro, que parecía como semejanza de un trono que se mostró sobre ellos. Y habló al varón vestido de lino, y le dijo: Entra en medio de las ruedas debajo de los querubines, y llena tus manos de carbones encendidos de entre los querubines, y espárcelos sobre la ciudad. Y entró a vista mía. Y los querubines estaban a la mano derecha de la casa cuando este varón entró; y la nube llenaba el atrio de adentro. Entonces la gloria de Jehová se elevó de encima del querubín al umbral de la puerta; y la casa fue llena de la nube, y el atrio se llenó del resplandor de la gloria de Jehová. Y el estruendo de las alas de los querubines se oía hasta el atrio de afuera, como la voz del Dios Omnipotente cuando habla. Aconteció, pues, que, al mandar al varón vestido de lino, diciendo: Toma fuego de entre las ruedas, de entre los querubines, él entró y se paró entre las ruedas. Y un querubín extendió su mano de en medio de los querubines al fuego que estaba entre ellos, y tomó de él y lo puso en las manos del que estaba vestido de lino, el cual lo tomó y salió. Y apareció en los querubines la figura de una mano de hombre debajo de sus alas. Y miré, y he aquí cuatro ruedas junto a los querubines, junto a cada querubín una rueda; y el aspecto de las ruedas

era como de crisólito. En cuanto a su apariencia, las cuatro eran de una misma forma, como si estuviera una en medio de otra. Cuando andaban, hacia los cuatro frentes andaban; no se volvían cuando andaban, sino que al lugar adonde se volvía la primera, en pos de ella iban; ni se volvían cuando andaban. Y todo su cuerpo, sus espaldas, sus manos, sus alas y las ruedas estaban llenos de ojos alrededor en sus cuatro ruedas. A las ruedas, oyéndolo yo, se les gritaba: !!Rueda! Y cada uno tenía cuatro caras. La primera era rostro de querubín; la segunda, de hombre; la tercera, cara de león; la cuarta, cara de águila. Y se levantaron los querubines; este es el ser viviente que vi en el río Quebar. Y cuando andaban los querubines, andaban las ruedas junto con ellos; y cuando los querubines alzaban sus alas para levantarse de la tierra, las ruedas tampoco se apartaban de ellos. Cuando se paraban ellos, se paraban ellas, y cuando ellos se alzaban, se alzaban con ellos; porque el espíritu de los seres vivientes estaba en ellas. Entonces la gloria de Jehová se elevó de encima del umbral de la casa, y se puso sobre los querubines. Y alzando los querubines sus alas, se levantaron de la tierra delante de mis ojos; cuando ellos salieron, también las ruedas se alzaron al lado de ellos; y se pararon a la entrada de la puerta oriental de la casa de Jehová, y la gloria del Dios de Israel estaba por encima sobre ellos. Estos eran los mismos seres vivientes que vi debajo del Dios de Israel junto al río Quebar; y conocí que eran querubines. Cada uno tenía cuatro caras y cada uno cuatro alas, y figuras de manos de hombre debajo de sus alas. Y la semejanza de sus rostros era la de los rostros que vi junto al río Quebar, su misma apariencia y su ser; cada uno caminaba derecho hacia adelante".

(Ezequiel 10:1-22)

¿Qué hacen los querubines en la Corte Celestial? De acuerdo a Daniel, capítulo 4 y versículo 17, los santos hacen las resoluciones y los ángeles las ejecutan, así que estos ángeles llamados seres vivientes o querubines tienen como función ir a ejecutar las resoluciones y los decretos que se dan en medio de las cortes celestiales.

Cada una de las caras de estos seres vivientes reflejan una faceta del Señor Jesucristo. El león, representa a Jesucristo como Rey, o la divinidad de Cristo; el becerro, Jesucristo como el Siervo; la cara del hombre, como la humanidad de Jesucristo, que, por lo general, en los evangelios siempre se designa como el Hijo de Dios; y finalmente, el águila, como Jesucristo profetizado, o el cumplimiento de las profecías en Cristo.

De acuerdo a Apocalipsis 4 del 8 al 11, vemos que el Trono de Dios y las diferentes cortes celestiales sólo pueden manifestarse en una atmósfera de profunda adoración. Hemos aprendido que son esas atmósferas que atraen a los ángeles de diferentes rangos. Hay que tener, sin embargo, mucho cuidado, puesto que muchos de los ángeles caídos tienen también varios rostros. En medio de las intercesiones nos hemos dado cuenta que el espíritu bipolar o el espíritu de esquizofrenia tienen la misma apariencia: algunas veces manifiestan un rostro, y hasta dos, tres o cuatro rostros diferentes que poseen.

Funciones de los querubines según la Palabra de Dios: la palabra querubín es la palabra hebrea *Kerúb,* pero también es la palabra griega *Querúb.* Esta palabra puede tener varias traducciones:

- Un niño con alas: De ahí que en las diferentes pinturas uno pueda ver –o aún dentro de la Nueva Era– que los ángeles son representados como niños con alas. Dentro de la demonología podríamos llegar a pensar que muchas veces cuando vemos en el espíritu o soñamos con niños, estos pueden estar representando a entidades espirituales.

- Los cercanos: de acuerdo a la Palabra de Dios, los querubines eran los más cercanos al Trono, de hecho, se enumera unas más de siete veces en la Biblia la expresión "Jehová que mora entre querubines" o "Jehová que se entroniza entre los querubines".

- Angelitos, o pequeños ángeles.
- Los próximos.
- Los segundos.

Las funciones de los querubines: Podemos, a la luz de las Sagradas Escrituras, ver cuáles son las funciones que ellos poseen dentro de las Cortes Celestiales:

- **Custodiar la entrada del Edén:**

  "Echó, pues, fuera al hombre, y puso al oriente del huerto de Edén querubines, y una espada encendida que se revolvía por todos lados, para guardar el camino del árbol de la vida".

  (Génesis 3:24)

- **Vigilar el Propiciatorio:**

  "Harás también dos querubines de oro; labrados a martillo los harás en los dos extremos del propiciatorio. Harás, pues, un querubín en un extremo, y un querubín en el otro extremo; de una pieza con el propiciatorio harás los querubines en sus dos extremos. Y los querubines extenderán por encima las alas, cubriendo con sus alas el propiciatorio; sus rostros el uno enfrente del otro, mirando al propiciatorio los rostros de los querubines. Y pondrás el propiciatorio encima del arca, y en el arca pondrás el testimonio que yo te daré. Y de allí me declararé a ti, y hablaré contigo de sobre el propiciatorio, de entre los dos querubines que están sobre el arca del testimonio, todo lo que yo te mandare para los hijos de Israel".

  (Éxodo 25:18-22)

Allí fue donde entró el Señor Jesucristo para hacer eterna redención.

* **Vigilar que las personas no puedan entrar al Lugar Santísimo:**

> *"Harás el tabernáculo de diez cortinas de lino torcido, azul, púrpura y carmesí; y lo harás con querubines de obra primorosa".*

(Éxodo 26:1)

Ellos son los guardianes de la revelación: los querubines eran los que estaban sobre el velo en el Tabernáculo y ellos son los que velan a los seres humanos para que no logren acceder a la revelación cuando no es permitido por Dios.

* **Escuchan lo que Dios habla con los hombres.**

> *"Y cuando entraba Moisés en el tabernáculo de reunión, para hablar con Dios, oía la voz que le hablaba de encima del propiciatorio que estaba sobre el arca del testimonio, de entre los dos querubines; y hablaba con él".*

(Números 7:89)

Cuando Dios descendía en medio del Tabernáculo para hablar con Moisés, los querubines estaban allí, ellos estaban muy atentos. En el Tabernáculo había querubines de oro, y sabemos que Moisés siguió el modelo de Tabernáculo que vio en los Cielos, de manera que los querubines celestiales pueden ser de oro vivo. En varias experiencias de intercesión hemos visto ángeles en forma de águila, o de león, pero también hemos visto ángeles como de marcas de agua, de diversos colores, hemos visto ángeles de bronce, de hierro, de plata y también ángeles de oro.

- **Dios mora o se entroniza entre los querubines.**

    "Y envió el pueblo a Silo, y trajeron de allá el arca del pacto de Jehová de los ejércitos, que moraba entre los querubines; y los dos hijos de Elí, Ofni y Finees, estaban allí con el arca del pacto de Dios".

    (1 Samuel 4:4)

    "Y se levantó David y partió de Baala de Judá con todo el pueblo que tenía consigo, para hacer pasar de allí el arca de Dios, sobre la cual era invocado el nombre de Jehová de los ejércitos, que mora entre los querubines".

    (2 Samuel 6:2)

- **Dios puede cabalgar sobre querubines.**

    "Y cabalgó sobre un querubín, y voló; Voló sobre las alas del viento".

    (2 Samuel 22:11)

- **Los querubines pueden debilitar las naciones.**

    "¡Cómo caíste del cielo, oh Lucero, hijo de la mañana! Cortado fuiste por tierra, tú que debilitabas a las naciones. Tú que decías en tu corazón: Subiré al cielo; en lo alto, junto a las estrellas de Dios, levantaré mi trono, y en el monte del testimonio me sentaré, a los lados del

norte; sobre las alturas de las nubes subiré, y seré semejante al Altísimo. Mas tú derribado eres hasta el Seol, a los lados del abismo".

(Isaías 14:12-15)

A la luz de esta palabra, mi pensamiento es que, en este momento, la tierra está bajo la influencia de un querubín caído muy fuerte. En el mundo espiritual sin duda hay un propósito de debilitar las naciones a través de la pandemia que estamos viviendo, no solamente en lo físico, sino también en lo espiritual y en lo económico. También vemos en este texto que Lucero tiene su lugar en el Seol, que es el lugar de los muertos, y en el gran abismo.

• **Los querubines están ligados a la gloria de Dios.**

"Aconteció en el año treinta, en el mes cuarto, a los cinco días del mes, que estando yo en medio de los cautivos junto al río Quebar, los cielos se abrieron, y vi visiones de Dios. En el quinto año de la deportación del rey Joaquín, a los cinco días del mes, vino palabra de Jehová al sacerdote Ezequiel hijo de Buzi, en la tierra de los caldeos, junto al río Quebar; vino allí sobre él la mano de Jehová. Y miré, y he aquí venía del norte un viento tempestuoso, y una gran nube, con un fuego envolvente, y alrededor de él un resplandor, y en medio del fuego algo que parecía como bronce refulgente, y en medio de ella la fi   de cuatro seres vivientes. Y esta era su apariencia: había en ellos semejanza de

hombre. *Cada uno tenía cuatro caras y cuatro alas. Y los pies de ellos eran derechos, y la planta de sus pies como planta de pie de becerro; y centelleaban a manera de bronce muy bruñido. Debajo de sus alas, a sus cuatro lados, tenían manos de hombre; y sus caras y sus alas por los cuatro lados. Con las alas se juntaban el uno al otro. No se volvían cuando andaban, sino que cada uno caminaba derecho hacia adelante. Y el aspecto de sus caras era cara de hombre, y cara de león al lado derecho de los cuatro, y cara de buey a la izquierda en los cuatro; asimismo había en los cuatro cara de águila. Así eran sus caras. Y tenían sus alas extendidas por encima, cada uno dos, las cuales se juntaban; y las otras dos cubrían sus cuerpos. Y cada uno caminaba derecho hacia adelante; hacia donde el espíritu les movía que anduviesen, andaban; y cuando andaban, no se volvían. Cuanto a la semejanza de los seres vivientes, su aspecto era como de carbones de fuego encendidos, como visión de hachones encendidos que andaba entre los seres vivientes; y el fuego resplandecía, y del fuego salían relámpagos. Y los seres vivientes corrían y volvían a semejanza de relámpagos. Mientras yo miraba los seres vivientes, he aquí una rueda sobre la tierra junto a los seres vivientes, a los cuatro lados. El aspecto de las ruedas y su obra era semejante al color del crisólito. Y las cuatro tenían una misma semejanza; su apariencia y su obra eran como rueda en medio de rueda. Cuando andaban, se movían hacia sus cuatro costados; no se volvían cuando andaban. Y sus*

*aros eran altos y espantosos, y llenos de ojos alrededor en las cuatro. Y cuando los seres vivientes andaban, las ruedas andaban junto a ellos; y cuando los seres vivientes se levantaban de la tierra, las ruedas se levantaban. Hacia donde el espíritu les movía que anduviesen, andaban; hacia donde les movía el espíritu que anduviesen, las ruedas también se levantaban tras ellos; porque el espíritu de los seres vivientes estaba en las ruedas. Cuando ellos andaban, andaban ellas, y cuando ellos se paraban, se paraban ellas; asimismo cuando se levantaban de la tierra, las ruedas se levantaban tras ellos; porque el espíritu de los seres vivientes estaba en las ruedas. Y sobre las cabezas de los seres vivientes aparecía una expansión a manera de cristal maravilloso, extendido encima sobre sus cabezas. Y debajo de la expansión las alas de ellos estaban derechas, extendiéndose la una hacia la otra; y cada uno tenía dos alas que cubrían su cuerpo. Y oí el sonido de sus alas cuando andaban, como sonido de muchas aguas, como la voz del Omnipotente, como ruido de muchedumbre, como el ruido de un ejército. Cuando se paraban, bajaban sus alas. Y cuando se paraban y bajaban sus alas, se oía una voz de arriba de la expansión que había sobre sus cabezas. Y sobre la expansión que había sobre sus cabezas se veía la fi de un trono que parecía de piedra de zafi   y sobre la fi
del trono había una semejanza que parecía de hombre sentado sobre él. Y vi apariencia como de bronce refulgente, como apariencia de fuego*

dentro de ella en derredor, desde el aspecto de sus lomos para arriba; y desde sus lomos para abajo, vi que parecía como fuego, y que tenía resplandor alrededor. Como parece el arco iris que está en las nubes el día que llueve, así era el parecer del resplandor alrededor. Esta fue la visión de la semejanza de la gloria de Jehová. Y cuando yo la vi, me postré sobre mi rostro, y oí la voz de uno que hablaba".

(Ezequiel 1:1-28)

"Y la gloria del Dios de Israel se elevó de encima del querubín, sobre el cual había estado, al umbral de la casa; y llamó Jehová al varón vestido de lino, que tenía a su cintura el tintero de escribano",

(Ezequiel 9:3)

"Miré, y he aquí en la expansión que había sobre la cabeza de los querubines como una piedra de zafi que parecía como semejanza de un trono que se mostró sobre ellos. Y habló al varón vestido de lino, y le dijo: Entra en medio de las ruedas debajo de los querubines, y llena tus manos de carbones encendidos de entre los querubines, y espárcelos sobre la ciudad. Y entró a vista mía. Y los querubines estaban a la mano derecha de la casa cuando este varón entró; y la nube llenaba el atrio de adentro. Entonces la gloria de Jehová se elevó de encima del querubín al umbral de la puerta; y la casa fue llena de la nube, y el atrio se llenó del resplandor de la gloria de Jehová. Y el estruendo de las alas de los querubines

se oía hasta el atrio de afuera, como la voz del Dios Omnipotente cuando habla. Aconteció, pues, que al mandar al varón vestido de lino, diciendo: Toma fuego de entre las ruedas, de entre los querubines, él entró y se paró entre las ruedas. Y un querubín extendió su mano de en medio de los querubines al fuego que estaba entre ellos, y tomó de él y lo puso en las manos del que estaba vestido de lino, el cual lo tomó y salió. Y apareció en los querubines la fi de una mano de hombre debajo de sus alas. Y miré, y he aquí cuatro ruedas junto a los querubines, junto a cada querubín una rueda; y el aspecto de las ruedas era como de crisólito. En cuanto a su apariencia, las cuatro eran de una misma forma, como si estuviera una en medio de otra. Cuando andaban, hacia los cuatro frentes andaban; no se volvían cuando andaban, sino que al lugar adonde se volvía la primera, en pos de ella iban; ni se volvían cuando andaban. Y todo su cuerpo, sus espaldas, sus manos, sus alas y las ruedas estaban llenos de ojos alrededor en sus cuatro ruedas. A las ruedas, oyéndolo yo, se les gritaba: !!Rueda! Y cada uno tenía cuatro caras. La primera era rostro de querubín; la segunda, de hombre; la tercera, cara de león; la cuarta, cara de águila. Y se levantaron los querubines; este es el ser viviente que vi en el río Quebar. Y cuando andaban los querubines, andaban las ruedas junto con ellos; y cuando los querubines alzaban sus alas para levantarse de la tierra, las ruedas tampoco se apartaban de ellos. Cuando se paraban ellos, se paraban ellas, y cuando *ellos se alzaban, se alzaban con ellos; porque el espíritu de los seres vivientes estaba en ellas. Entonces la gloria de Jehová se elevó de encima del umbral de la casa, y se puso sobre los querubines. Y alzando los querubines sus alas, se levantaron de la tierra delante de mis ojos; cuando ellos salieron, también las ruedas se alzaron al lado de ellos; y se pararon a la entrada de la puerta oriental de la casa de Jehová, y la gloria del Dios de Israel estaba por encima sobre ellos. Estos eran los mismos seres vivientes que vi debajo del Dios de Israel junto al río Quebar; y conocí que eran querubines. Cada uno tenía cuatro caras y cada uno cuatro alas, y fi de manos de hombre debajo de sus alas. Y la semejanza de sus rostros era la de los rostros que vi junto al río Quebar, su misma apariencia y su ser; cada uno caminaba derecho hacia adelante".*

(Ezequiel 10:1-22)

"Después alzaron los querubines sus alas, y las ruedas en pos de ellos; y la gloria del Dios de Israel estaba sobre ellos".

(Ezequiel 11:22)

- ## Los querubines son vigilantes.

"Y todo su cuerpo, sus espaldas, sus manos, sus alas y las ruedas estaban llenos de ojos alrededor en sus cuatro ruedas".

(Ezequiel 10:12)

- Los querubines son seres perfeccionistas.
- Imparten sabiduría.
- Embellecen,
- Están en el Edén,
- Llevan las piedras preciosas,
- Están ligados a la adoración,
- Protegen,
- Están en el monte de Dios,
- Contratan o dirigen las contrataciones,

"Hijo de hombre, levanta endechas sobre el rey de Tiro, y dile: Así ha dicho Jehová el Señor: Tú eras el sello de la perfección, lleno de sabiduría, y acabado de hermosura. En Edén, en el huerto de Dios estu-viste; de toda piedra preciosa era tu vestidura; de cornerina, topacio, jaspe, crisólito, berilo y ónice; de zafi carbunclo, esmeralda y oro; los primores de tus tamboriles y fl estuvieron preparados para ti en el día de tu creación. Tú, querubín gran- de, protector, yo te puse en el santo monte de Dios, allí estuviste; en medio de las piedras de fuego te paseabas. Perfecto eras en todos tus caminos desde el día que fuiste creado, hasta que se halló en ti maldad. A causa de la multitud de tus contrataciones fuiste lleno de iniquidad, y pecaste; por lo que yo te eché del monte de Dios, y te arrojé de entre las piedras del fuego, oh querubín protector. Se enalteció tu corazón a causa de tu hermosura, corrompiste tu sabiduría a causa de tu esplendor; yo te arrojaré por tierra; delante de los reyes te pondré para que miren

*en ti. Con la multitud de tus maldades y con la
iniquidad de tus contrataciones profanaste tu
santuario; yo, pues, saqué fuego de en medio de
ti, el cual te consumió, y te puse en ceniza sobre
la tierra a los ojos de todos los que te miran.
Todos los que te conocieron de entre los pueblos se
maravillarán sobre ti; espanto serás, y para siempre
dejarás de ser".*

(Ezequiel 28:12-19)

- **Los querubines cubren o protegen.**

  *"y sobre ella los querubines de gloria que cubrían el
  propiciatorio; de las cuales cosas no se puede ahora
  hablar en detalle".*

  (Hebreos 9:5)

- **Son parte de la Corte Celestial.**

  *"Y delante del trono había como un mar de vidrio
  semejante al cristal; y junto al trono, y alrededor del
  trono, cuatro seres vivientes llenos de ojos delante y
  detrás. El primer ser viviente era semejante a un león;
  el segundo era semejante a un becerro; el tercero
  tenía rostro como de hombre; y el cuarto era semejante
  a un águila volando. Y los cuatro seres vivientes
  tenían cada uno seis alas, y alrededor y por dentro
  estaban llenos de ojos; y no cesaban día y noche de
  decir: Santo, santo, santo es el Señor Dios
  Todopoderoso, el que era, el que es, y el que ha de
  venir. Y siempre que aquellos seres vivientes dan
  gloria y honra y acción de gracias al que está sentado
  en el trono, al que vive por los siglos de los siglos,
  los veinticuatro ancianos se*

*postran delante del que está sentado en el trono, y
adoran al que vive por los siglos de los siglos, y
echan sus coronas delante del trono, diciendo: Señor,
digno eres de recibir la gloria y la honra y el poder;
porque tú creaste todas las cosas, y por tu voluntad
existen y fueron creadas".*

(Apocalipsis 4:6-11)

Este tipo de ángeles, los querubines, ejecutan los
decretos y resoluciones del cielo.

*"La sentencia es por decreto de los vigilantes, y por
dicho de los santos la resolución, para que conozcan
los vivientes que el Altísimo gobierna el reino de los
hombres, y que a quien él quiere lo da, y constituye
sobre él al más bajo de los hombres".*

(Daniel 4:17)

Amado lector: yo creo firmemente que el Señor ha
comenzado a darnos una verdadera revelación sobre
lo angelical. Por muchísimo tiempo la Iglesia ha
estado inoperante en esta verdad por falta de
revelación. Creo también que el Señor la ha
escondido con el propósito de que los seres humanos
no se corrompan, debido al tremendo peso de esta
revelación, pero entendiendo el libro de Hebreos,
capítulo 1 y versículo 14 donde la Palabra de Dios
dice: **¿No son todos espíritus ministradores,
enviados para servicio a favor de los que serán
herederos de la salvación?** Todos los que somos
herederos de la salvación necesitamos tener
revelación sobre lo angelical.

Esta es una palabra profética; en los siguientes siete años escucharemos a muchísima gente fluir en palabra de revelación respecto al tema angelical. (este libro fue editado en agosto del año 2021). Al ser expuestos ante esta revelación, podremos operar en el tema angelical, y, sobre todo, en el tema de las Cortes Celestiales puesto que estos ángeles hacen parte de las ellas.

C A P Í T U L **6**

EL ESPIRITUAL JUZGA TODAS LAS COSAS

"En cambio, el espiritual juzga todas las cosas; pero él no es juzgado de nadie".

(1 Corintios 2:15)

La Corte Central que vimos en el anterior capítulo es desde donde gobierna Jesu- cristo, es allí donde los creyentes pueden llevar sus demandas de justicia. Hablaremos en otro capítulo de cómo llevar una demanda ante la Corte Celestial: nosotros, los hijos de Dios podemos estar en tres posiciones ante la Corte.

Número 1
Somos acusados.

"Entonces oí una gran voz en el cielo, que decía: Ahora ha venido la salvación, el poder, y el reino de nuestro Dios, y la autoridad de su Cristo; porque ha sido lanzado fuera el acusador de nuestros hermanos, el que los acusaba delante de nuestro Dios día y noche".

(Apocalipsis 12:10)

Debemos recordar que satanás es el acusador de los hermanos y, de acuerdo a este texto, acusa a los hermanos día y noche. De la misma manera como nosotros podemos demandar ante la Corte Celes- tial, de esa misma manera satanás entra en la Corte para acusarnos. Podemos discernir, entonces, de dónde viene la culpabilidad, la acusación, y muchos problemas emocionales. Literalmente, sabemos que las personas están siendo acusadas ante la Corte Celestial. Creo que un vivo ejemplo de esto es la vida de Job, aunque en este libro no pueda referirme a ello en detalle.

Número 2
Somos los que demandamos.

Usted y yo podemos entrar ante la Corte Celestial para demandar a una entidad espiritual o una situación particular. Precisamente para eso es la Corte: para ir y traer la justicia de Dios.

Número 3
Somos los jueces.

Recordemos que, de acuerdo a Daniel 7:22 todo el juicio le fue dado a los santos del Altísimo, y que de acuerdo a Isaías 1:26, Dios restaurará a los Jueces como al principio y a los consejeros como eran antes, y recordemos que de acuerdo a Efesios 1:20- 23 somos el cuerpo de Cristo y los que tenemos la autoridad de Dios en la tierra, y finalmente en Apocalipsis 20:4 somos los que tenemos facultad para juzgar.

Número 4
Somos testigos.

Podemos presentarnos como testigos ante la corte Celestial, para ayudar a otro hermano en Cristo, siempre y cuando nuestro testimonio sea legítimo y verdadero.

> *"Otra vez os digo, que si dos de vosotros se pusieren de acuerdo en la tierra acerca de cualquier cosa que pidieren, les será hecho por mi padre que está en los cielos".*

> **(Mateo 18:19)**

Entonces entendemos que en la Corte Celestial podemos estar como acusados, como demandantes, pero también como jueces y como testigos. Somos llamados por Dios a emitir juicios sobre entidades espirituales y sobre situaciones personales o de nuestras congregaciones, nuestro territorio y sobre las naciones de la tierra. Una de las preguntas más poderosas que hayas podido encontrar en este libro es ¿cuánto podemos juzgar? ¿sobre qué podemos emitir juicio? ¿qué o a quiénes podemos llevar ante la Corte Celestial? La respuesta la encontramos en 1 Corintios 2:15

> *"En cambio, el espiritual juzga todas las cosas; pero él no es juzgado de nadie".*

El hombre espiritual juzga TODAS las cosas. Entendiendo que, cuando dice todas las cosas, no ha dejado fuera absolutamente nada. De ahí el cuidado que debemos tener como jueces de la tierra a la hora de juzgar y de impartir justicia".

Una nueva pregunta surge: ¿qué tipo de cristianos pueden juzgar? ¿qué tipo de cristianos tienen tan poderosas facultades? La respuesta no es tan buena para ciertos sectores del cristianismo: NO todos los cristianos pueden juzgar. Analizando 1 Corintios 2:15, vemos que solo pueden juzgar los espirituales. Esto hace que nos paremos a considerar nuestras propias vidas. Esto no fluye sólo por la emoción, o por un cambio de léxico o de vocabulario: esto es un nuevo estilo de vida, un cambio de posición en Dios.

Definamos por un momento algunos tipos de personas que están en el cuerpo de Cristo de acuerdo a 1 de Corintios, capítulo 2:

> *Así que, hermanos, cuando fui a vosotros para anunciaros el testimonio de Dios, no fui con excelencia de palabras o de sabiduría.*
>
> *Pues me propuse no saber entre vosotros cosa alguna sino a Jesucristo, y a éste crucificado.*
>
> *y estuve entre vosotros con debilidad, y mucho temor y temblor,*
>
> *y ni mi palabra ni mi predicación fue con pala- bras persuasivas de humana sabiduría, sino con demostración del Espíritu y de poder,*
>
> *Para que vuestra fe no esté fundada en la sabidu- ría de los hombres, sino en el poder de Dios.*
>
> *Sin embargo, hablamos sabiduría entre los que han alcanzado madurez; y sabiduría, no de este siglo, ni de los príncipes de este siglo, que perecen.*
>
> *Mas hablamos sabiduría de Dios en misterio, la*

sabiduría oculta, la cual Dios predestinó antes de los siglos para nuestra gloria,

la que ninguno de los príncipes de este siglo conoció; porque si la hubieran conocido, nunca habrían crucificado al Señor de gloria.

Antes bien, como está escrito:
Cosas que ojo no vio, ni oído oyó,
Ni han subido en corazón de hombre,
Son las que Dios ha preparado para los que le aman.

Pero Dios nos las reveló a nosotros por el Espíritu; porque el Espíritu todo lo escudriña, aun lo profundo de Dios.

Porque ¿quién de los hombres sabe las cosas del hombre, sino el espíritu del hombre que está en él? Así tampoco nadie conoció las cosas de Dios, sino el Espíritu de Dios.

Y nosotros no hemos recibido el espíritu del mundo, sino el Espíritu que proviene de Dios, para que sepamos lo que Dios nos ha conce-dido,

lo cual también hablamos, no con palabras enseñadas por sabiduría humana, sino con las que enseña el Espíritu, acomodando lo espiritual a lo espiritual.

Pero el hombre natural no percibe las cosas que son del Espíritu de Dios, porque para él son locura, y no las puede entender, porque se han de discernir espiritualmente.

En cambio el espiritual juzga todas las cosas; pero él no es juzgado de nadie.

Porque ¿quién conoció la mente del Señor?
¿Quién le instruirá? Mas nosotros tenemos la mente
de Cristo.

Número 1: Los Psarquicos

Estas son personas que todavía se dejan llevar por las obras de la carne, son personas que van a las congregaciones, pero no han podido crucificar su carne con sus pasiones y sus deseos.

Número 2: Los Psíquicos

Es gente muy racional, muy mental. Todo necesitan explicarlo desde la óptica de la razón.

Número 3: Los Pneumáticos

Es gente guiada por el Espíritu de Dios, gente que desarrolló y puede usar su espíritu. De acuerdo a estas características que hemos analizado muy someramente, podemos afirmar que no todos los cristianos pueden juzgar. No todos los que digan Señor, Señor, entrarán al Reino de los Cielos. No todos los que dicen "soy cristiano" pueden ser jueces sobre la tierra.

Por muchos años me pregunté qué era ser espiritual. Pude observar mucha gente que, aunque acudían a la iglesia todo el tiempo, sus vidas no eran vidas de fruto. Aprendí a comprender que ser espiritual no es orar y leer la Biblia todo el día –y no digo que eso esté mal, no estoy criticando eso–, estas son excelentes disciplinas espirituales, pero a veces son también vías de escape cuando la persona no sabe más qué hacer. Esto es una parte importante de la vida cristiana, pero he comprendido que hay mucha gente que nunca ha aprendido a moverse en el espíritu, tampoco ha entrenado su espíritu y ni siquiera saben que son espíritus. Los seres humanos somos como un celular de alta tecnología, que puede hacer cosas increíbles y maravillosas, pero no hemos sido entrenados para saber manejarlas. Y así como acudimos al manual de instrucciones del celular, de la misma manera debemos acudir al manual espiritual para ser instruidos y aprender a movernos en las esferas celestiales. Esto es lo que le ha restado poder y autoridad a la Iglesia de Jesucristo en todo el mundo. Por lo menos el 95% de los que dicen ser cristianos no han aprendido a usar su espíritu, ni a moverse en las esferas celestiales.

Deseo hacer una pregunta muy fuerte a los lectores: ¿un brujo ha ejercitado el espíritu? ¿un brujo ha aprendido a moverse en las dimensiones espiri-tuales, a mover las esferas celestiales? La respuesta es SÍ. Evidentemente, lo hacen para el mal, no para el reino de los cielos.

Pero sin ninguna duda, el brujo mueve el ámbito espiritual, se ha entrenado muchas veces a través de maestros o de libros para poder acceder y mover el ámbito espiritual y hacer daño. Verdaderamente es una respuesta dolorosa; el brujo ha aprendido a usar su espíritu, mientras que miles de cristianos no saben qué hacer con sus problemas cotidianos. Los siervos de las tinieblas nos llevan mucho terreno ganado y nosotros solamente hemos sobrevivido por la misericordia y la gracia de Dios.

En los altares necesitamos más entrenamiento y menos entretenimiento. Es la única manera para que nos levantemos como una Iglesia verdaderamente gloriosa. Concluyo recordando el texto citado en 1 de Corintios 2:15. **el espiritual juzga todas las cosas;** y ese "todas" indica que no dejó por fuera absolutamente nada.

El libro de Hebreos capítulo 5 versículo 14 enseña que la persona espiritual es aquella que ejercitó los sentidos de su espíritu. Nuestro espíritu tiene ojos, tiene olfato, tiene gusto, tiene oído, tiene tacto y otros muchos sentidos espirituales de los que no puedo hablar aquí en detalle.

Espiritual, entonces, es alguien que aprendió a usar sus sentidos espirituales y especialmente a discernir, a través de esos sentidos, entre las cosas que provienen del bien y las que provienen del mal. La apreciación final de este capítulo es fuerte: a la Corte Celestial solo se puede entrar en el espíritu. Una demanda ante la Corte Celestial solo se puede realizar en el espíritu, ser juez ante la Corte Celestial solo se puede lograr en el espíritu, mover las esferas celestiales solo se puede lograr en el espíritu. Para eso necesitamos que el Manual nos sea abierto. Y necesitamos que se empiecen a levantar maestros proféticos y entrenadores que, con compañías proféticas, enseñen al pueblo cómo entrenar los sentidos de su espíritu.

CINCO ESFERAS DONDE PODEMOS JUZGAR

"¿Osa alguno de vosotros, cuando tiene algo contra otro, ir a juicio delante de los injustos, y no delante de los santos? ¿O no sabéis que los santos han de juzgar al mundo? Y si el mundo ha de ser juzgado por vosotros, ¿sois indignos de juzgar cosas muy pequeñas? ¿O no sabéis que hemos de juzgar a los ángeles? ¿Cuánto más las cosas de esta vida? Si, pues, tenéis juicios sobre cosas de esta vida, ¿ponéis para juzgar a los que son de menor estima en la iglesia?"

(1 Corintios 6:1-4)

El Capítulo 6 de 1 de Corintios es sensacional en cuanto a las cosas que podemos juzgar y emitirles juicio. El Apóstol Pablo lo resumió en 5 esferas. Te pido, amado lector, que no tomes con liviandad lo que viene a continuación, esto puede cambiar la historia de las naciones.

Número 1- Los santos pueden juzgar el mundo.

El Señor nos dio la autoridad de llevar a la Corte y emitir juicio sobre el mundo. La palabra en el griego es *Kosmos.* Es el mismo sistema de gobierno del diablo desde donde controla a los seres humanos. No son las personas a quienes se debe juzgar. En intercesiones muy profundas, hemos llevado a las Cortes, expendios de alcohol, drogas, prostitución, narcotráfico, y hemos emitido los juicios del Reino sobre ellos. Vemos que los resultados no se hicieron esperar: bares cerrados, burdeles clausurados, narcotraficantes capturados, corruptos desterrados. Esto en las atmósferas espirituales. Me emociona recordar tantos eventos donde hemos visto la mano de Dios y el poder de la Corte.

Número 2- Los santos pueden juzgar cosas muy pequeñas.

En otra versión aparece como cosas triviales; en todo caso, significa "tribunales de menor importancia". Son demandas realmente sencillas; con estas demandas es como podemos comenzar a practicar para aprender a movernos en las Cortes.

Número 3- Los santos pueden juzgar a los ángeles.

No se trata de los ángeles justos que han permanecido fieles al servicio de Dios, sino a los ángeles caídos, los que se han rebelado y ahora están al servicio del mal. Esta función no le corresponde a Dios, este juicio a los ángeles y las demandas correspondien- tes, le competen a la Iglesia de Jesucristo, es nuestra responsabilidad. Nosotros tenemos que discernir para llevarlos al Trono y acusarlos por ser infieles a Dios, habiéndose corrompido, y que su fin sean las prisiones eternas.

"Y a los ángeles que no guardaron su dignidad, sino que abandonaron su propia morada, los ha guardado bajo oscuridad, en prisiones eternas, para el juicio del gran día; como Sodoma y Gomorra y las ciudades vecinas, las cuales de la misma manera que aquéllos, habiendo fornicado e ido en pos de vicios contra naturaleza, fueron puestas por ejemplo, sufriendo el castigo del fuego eterno".

(Judas 1:6-7)

Además de ese juicio, los santos deben ordenar que se llene el espacio vacío. Al emitir juicio a una entidad espiritual caída, debemos llenar ese mismo espacio con ángeles de luz, verdad y justicia, de lo contrario, no se resolvería nada, y el enemigo reemplazaría rápidamente por otro ángel corrupto de su misma naturaleza.

Los ángeles que debiéramos juzgar son:

• Los ángeles personales corruptos deben ser llevados a juicio. Muchas personas llegaron en un momento a Cristo, pero jamás se dieron cuenta que sus ángeles se habían corrompido y es necesario cambiarlos.

- Los ángeles familiares y generacionales que se han corrompido deben ser llevados a juicio. Estos son los ángeles que ministran a las familias y los ángeles de generaciones, ángeles que vienen de bisabuelos, abuelos, padres e hijos. Muchos de ellos fueron corrompidos y deben ser cambiados para que las historias de las familias cambien.

- Los ángeles congregacionales corrompidos deben ser llevados a juicio. Esto es muy importante, porque si el ángel congregacional es un ángel corrompido, esa misma esencia va a establecerse en medio de toda la congregación. Estos ángeles tienen que ser llevados a una Corte.

- Los ángeles territoriales corrompidos deben ser llevados a la Corte y ser juzgados. Estos son los que gobiernan los barrios o los territorios donde está establecida la Iglesia de Jesucristo. Estos ángeles corrompidos dejan su esencia por todos lados la cual muchas veces es absorbida por la misma gente de la congregación. Por lo tanto, la Iglesia debe llevar a juicio a estos ángeles y establecer nuevos ángeles que vengan a ayudar a pelear la batalla por los territorios.

- Los ángeles de una nación que están corrompidos deben ser llevados a juicio. Estos ya son niveles de guerra espiritual muy altos que nunca debe ser desarrollados por una sola persona, sino en unidad con el con el cuerpo de Cristo.

Número 4- Los santos deben juzgar las cosas de esta vida.

Al ser hijos de Dios tenemos derechos legales como hijos, no solo deberes. Usted y yo podemos ir a la Corte por: la salvación de los familiares, por salud, por provisión, por comida, por ropa, por trabajo, y por demás cosas de esta vida.

"Por tanto os digo: No os afanéis por vuestra vida, qué habéis de comer o qué habéis de beber; ni por vuestro cuerpo, qué habéis de vestir. ¿No es la vida más que el alimento, y el cuerpo más que el vestido? Mirad las aves del cielo, que no siembran, ni siegan, ni recogen en graneros; y vuestro Padre celestial las alimenta.

¿No valéis vosotros mucho más que ellas? ¿Y quién de vosotros podrá, por mucho que se afane, añadir a su estatura un codo? Y por el vestido, ¿por qué os afanáis? Considerad los lirios del campo, cómo crecen: no trabajan ni hilan; pero os digo, que ni aun Salomón con toda su gloria se vistió, así como uno de ellos. Y si la hierba del campo que hoy es, y mañana se echa en el horno, Dios la viste así, ¿no hará mucho más a vosotros, hombres de poca fe? No os afanéis, pues, diciendo:

¿Qué comeremos, o qué beberemos, o qué vestiremos? Porque los gentiles buscan todas estas cosas; pero vuestro Padre celestial sabe que tenéis necesidad de todas estas cosas. Mas buscad primeramente el reino de Dios y su justicia,

y todas estas cosas os serán añadidas. Así que, no
os afanéis por el día de mañana, porque el día de
mañana traerá su afán. Basta a cada día su propio
mal".

(Mateo 6:25-34)

Número 5- Los santos pueden juzgar las cosas que se presentan en la Iglesia.

En este capítulo, Pablo dice que tenemos facultad para poner en orden cualquier situación o circuns- tancia que se presente entre los santos. No se debería ir a una Corte delante de un impío, cuando los santos o los hijos de Dios están en facultades para resolver dichas situaciones, en dados casos debería haber un grupo de ancianos con facultad de juzgar y sabiduría para poner en orden las diferentes situaciones que se puedan presentar en el Cuerpo de Cristo. Sólo en casos terriblemente extremos un hermano debe llevar a otro ante una corte, en tal caso, deberíamos más bien asumir la pérdida. No podemos juzgarnos entre nosotros mismos. El hecho de no poder juzgar entre nosotros mismos y no poner en orden ciertas situaciones en el Cuerpo de Cristo, nos ha restado autoridad para poder juzgar las naciones, y ha permitido que el enemigo pueda avanzar en medio de las naciones.

LOS QUE RECIBIERON FACULTAD PARA JUZGAR

"Y vi tronos, y se sentaron sobre ellos los que recibieron facultad de juzgar; y vi las almas de los decapitados por causa del testimonio de Jesús y por la palabra de Dios, los que no habían adorado a la bestia ni a su imagen, y que no recibieron la marca en sus frentes ni en sus manos; y vivieron y reinaron con Cristo mil años".

(Apocalipsis 20:4)

¿Quién, realmente, puede juzgar? ¿Quién realmente puede ir a las Cortes? ¿Quién puede presentar un juicio en el cielo?

"No todo el que me dice: Señor, Señor, entrará en el reino de los cielos, sino el que hace la voluntad de mi Padre que está en los cielos. Muchos me dirán en aquel día: Señor, Señor, ¿no profetizamos en tu nombre, y en tu nombre echamos fuera

demonios, y en tu nombre hicimos muchos milagros? Y entonces les declararé: Nunca os conocí; apartaos de mí, hacedores de maldad".

(Mateo 7:21-23)

En este caso estamos hablando de los destinos de las naciones, no de un don. Es un nivel de autoridad en Dios que pocos han descubierto, y que pocos han tenido. No todo el que va a una congregación está facultado para ser regidor de las naciones, no todo el que levanta las manos un domingo podrá impartir la justicia incorruptible del Cielo. De acuerdo a lo que el Señor me ha revelado, esto sólo lo podrán lograr aquellos que han recibido facultad para juzgar. En Apocalipsis 20:4 encontramos varias cosas: *"Y vi tronos"*, si son tronos, entonces estas personas son reyes, son personas que recibieron el Reino de Dios y que caminan de acuerdo a las leyes del Reino.

El Juez Supremo sólo le entrega facultad de juzgar a los que cumplen los requisitos. Es como una Universidad de justicia, donde las personas deben cursar sus estudios en los diferentes niveles, pero no hay graduación, no hay credencial, no hay diploma, no hay facultad para ejercer la profesión, sin haber hecho y aprobado la carrera completa, aprobando todos los exámenes y habiendo alcanzado el diploma correspondiente.

Amigo lector: guarda en tu corazón esta frase: *"los que recibieron facultad para juzgar".* Eso significa que la facultad para juzgar se recibe. ¿Cuál sería el curso? ¿Cuáles son las demandas y exigencias? ¿Cuáles son las características que debe tener uno de los jueces y regidores de la tierra? Dedicaré un capítulo completo de este libro para explicar algunas cosas que el Señor me ha revelado.

CAPÍTUL **9**

¿CÓMO PRESENTAR UNA DEMANDA ANTE UNA CORTE CELESTIAL?

C on la ayuda de Junior Rodríguez y Jhon Andersson Ulcue (ambos aventajados estudiantes de Derecho) hemos desarrollado este pequeño escrito donde explicamos desde el ámbito legal, cómo presentar una demanda ante un Juez de la tierra. Esta información nos sirve mucho a la hora de preparar nuestras demandas y presentarlas ante la Corte Celestial.

PARTES DE UNA DEMANDA.

Número 1- Designación del Juez.

Tiene que ver con la Corte donde dirigimos o presentamos la demanda. Es, concretamente, la designación de la Corte a donde vamos a llevar nuestra demanda.

Número 2- Generales de ley.

Es la identificación de la persona que está demandando, nombre, identificación, domicilio. El Juez necesita saber con claridad quién es el que presenta la demanda. En este punto nos presentamos y mencionamos a nuestro Abogado, que, de acuerdo a 1 de Juan 2:1, es Jesucristo.

> *"Hijitos míos, estas cosas os escribo para que no pequéis; y si alguno hubiere pecado, abogado tenemos para con el Padre, a Jesucristo el justo".*

Número 3- Los hechos.

Es lo que nos ha sucedido, (puede ser uno o varios hechos), es la razón por la que vamos a la Corte. Es la situación ocurrida, redactada y contada de una manera ordenada.

Número 4- Las pretensiones.

Es lo que yo necesito, es lo que yo quiero, es lo que me debe ser pagado, es el fin de la demanda. Hay tres cosas a las que se tiene derecho en una demanda legal:

- **El daño emergente**: es el daño principal que me causó el asunto por el cual se presenta la demanda. Aquí se pide la devolución del bien, de la persona o de la situación.

- **Lucro cesante:** es lo que la persona dejó de ganar o recibir a causa del daño que le hicieron. Tiene mucho que ver con el tiempo; todo lo que la persona dejó de recibir desde que le fue hecho el daño hasta la fecha en que se celebra el juicio. Cuanto más tiempo ha transcurrido, más derecho tengo de esa reparación ya que se debe considerar todo lo quitado, más los intereses por mora.

- **Daño inmaterial o moral.** Se puede traducir como el precio del dolor. Tenemos derecho a un pago espiritual y físico por todo el dolor vivido. El dolor psicológico, la tristeza que nos han causado, todo tiene un precio. Joel 2:25 dice:

> *"Y os restituiré los años que comió la oruga, el saltón, el revoltón y la langosta, mi gran ejército que envié contra vosotros. Comeréis hasta saciaros, y alabaréis el nombre de Jehová vuestro Dios, el cual hizo maravillas con vosotros; y nunca jamás será mi pueblo avergonzado".*

Aún las pruebas nos dan derechos legales para reclamar estos tres derechos (daño emergente, lucro cesante y daño inmaterial) en una demanda ante una Corte Celestial.

Número 5- Las pruebas.

Yo pedí algo en las "pretensiones", ahora debo probar que tengo derecho a eso. Las pruebas las podemos dividir en varios puntos:

- **Pruebas documentales**: son los documentos que aporten pruebas referentes a mi demanda, documentos que demuestren que la demanda es legítima (escrituras, documentos oficiales, etc.)

- **Pruebas testimoniales**: son las personas que pueden testificar o corroborar los hechos que yo estoy narrando, por haber estado presentes durante el hecho y ser, por lo tanto, testigos presenciales. Estas personas son parte vital de la demanda. No se puede ir con mentiras a mover el mundo espiritual. Creo firmemente que es allí donde opera la nube de testigos, la que es, sin duda, para dar testimonio. La demanda no la debe hacer una persona sola: Jesús dijo *"si dos o tres se ponen de acuerdo acerca de cualquiera cosa, será hecha por el Padre que está en el cielo".* Lo más importante de esto es que nuestro Señor Jesucristo es nuestro testigo fiel.

> *"y de Jesucristo el testigo fiel, el primogénito de los muertos, y el soberano de los reyes de la tierra. Al que nos amó, y nos lavó de nuestros pecados con su sangre".*

> **(Apocalipsis 1:5)**

Hay una consigna en Derecho que dice: "dame la prueba y te daré el derecho", si yo tengo las pruebas y puedo demostrar los hechos, el Juez no tiene otra opción que reconocer mi demanda.

Número 6- Fundamentos de derecho.

Podemos considerar que la ley es una base fundamental en el mundo secular. En el Reino de Dios, las Sagradas Escrituras son la ley establecida. Lo que dice la ley del Reino respecto al tema que estamos llevando a juicio son los fundamentos de derecho, lo que nos da derecho legal de lo que pedimos. Es la certificación legal de lo que tengo derecho a reclamar. Son textos de las Sagradas Escrituras que ratifican lo que yo estoy demandando: por ejemplo *"Por cuya herida fuisteis vosotros curados"*

Número 7- Juramento estimatorio

Después de dimensionar en dinero el daño y todo lo que quiero, bajo la gravedad de juramento, estoy certificando que estoy diciendo la verdad. Lamentablemente existe una falta de palabra en el pueblo de Dios. Es muy peligroso querer mover las Cortes Celestiales con mentiras. La mentira pertenece a la genética de satanás. Entonces, el juramento estimatorio que se realiza bajo la gravedad de juramento, es una forma de certificar que hay verdad en mis palabras.

Número 8- Notificaciones y firma.

Esta es la parte final de la demanda. En esta notifica- ción se establece dónde se ubican las tres personas intervinientes: el demandante, el demandado y

el Juez, para poder recibir las notificaciones perti-
nentes. Es muy conveniente que escuches en Youtube la
enseñanza "Cómo presentar una demanda ante la
Corte Celestial" de la Iglesia Cristiana Transformación Internacional.

Leyendo el Libro de Ester, tú puedes ver de qué
manera Ester siguió estos pasos para salvar a su
pueblo.

Para que funcione este juicio en la Corte Celestial, los
que van a presentar el juicio deben preparar una
atmósfera previa de profunda adoración. El secreto
no es llenarse de conocimiento, ni llenar cuadernos
con nuevas enseñanzas. Ester preparó una atmósfera,
un banquete para el Rey antes del juicio. Es
impresionante ver el ambiente en el que está rodeado
el Trono de Dios y la Corte Celestial.

> *"Después de esto miré, y he aquí una puerta
> abierta en el cielo; y la primera voz que oí, como de
> trompeta, hablando conmigo, dijo: Sube acá, y yo
> te mostraré las cosas que sucederán después de
> estas. Y al instante yo estaba en el Espíritu; y he
> aquí, un trono establecido en el cielo, y en el
> trono, uno sentado. Y el aspecto del que estaba
> sentado era semejante a piedra de jaspe y de
> cornalina; y había alrededor del trono un arco
> iris, semejante en aspecto a la esmeralda. Y
> alrededor del trono había veinticuatro tronos; y vi
> sentados en los tronos a veinticuatro ancianos,
> vestidos de ropas blancas,*

con coronas de oro en sus cabezas. Y del trono salían relámpagos y truenos y voces; y delante del trono ardían siete lámparas de fuego, las cuales son los siete espíritus de Dios. Y delante del trono había como un mar de vidrio semejante al cristal; y junto al trono, y alrededor del trono, cuatro seres vivientes llenos de ojos delante y detrás. El primer ser viviente era semejante a un león; el segundo era semejante a un becerro; el tercero tenía rostro como de hombre; y el cuarto era semejante a un águila volando. Y los cuatro seres vivientes tenían cada uno seis alas, y alrededor y por dentro estaban llenos de ojos; y no cesaban día y noche de decir: Santo, santo, santo es el Señor Dios Todopoderoso, el que era, el que es, y el que ha de venir. Y siempre que aquellos seres vivientes dan gloria y honra y acción de gracias al que está sentado en el trono, al que vive por los siglos de los siglos, los veinticuatro ancianos se postran delante del que está sentado en el trono, y adoran al que vive por los siglos de los siglos, y echan sus coronas delante del trono, diciendo: Señor, digno eres de recibir la gloria y la honra y el poder; porque tú creaste todas las cosas, y por tu voluntad existen y fueron creadas".

(Apocalipsis 4:1-11)

El ambiente donde está el Trono celestial es un ambiente de profunda adoración. No es un ambiente de canto, mucho de lo que cantamos en nuestras congregaciones no es adoración, es sólo música;

estamos hablando de una profunda adoración en el espíritu para poder mover las cortes celestiales. Esta es la única forma de mover el Trono de Dios.

Anímate y prepara una atmósfera de adoración para llevar tu demanda ante la Corte Celestial.

LOS SANTOS HACEN LAS RESOLUCIONES Y ÁNGELES LAS EJECUTAN

"La sentencia es por decreto de los vigilantes, y por dicho de los santos la resolución, para que conozcan los vivientes que el Altísimo gobierna el reino de los hombres, y que a quien él quiere lo da, y constituye sobre él al más bajo de los hombres".

(Daniel 4:17)

Nos deben ser reveladas nuestras posiciones frente a la Corte Celestial.

Uno: muchas veces estaremos como demandantes.

Dos: otras veces satanás nos llevará como demandados.

Tres: muchas veces estaremos ante las Cortes como testigos ante una demanda.

Cuatro: de acuerdo a lo enseñado en este libro, muchas veces estaremos en la condición de Jueces. Debemos discernir en una demanda qué posición tenemos, en este caso debemos recordar que dentro de las Cortes también somos Jueces.

> *"Y vi tronos, y se sentaron sobre ellos los que recibieron facultad de juzgar; y vi las almas de los decapitados por causa del testimonio de Jesús y por la palabra de Dios, los que no habían adorado a la bestia ni a su imagen, y que no recibieron la marca en sus frentes ni en sus manos; y vivieron y reinaron con Cristo mil años".*

(Apocalipsis 20:4)

> *"...hasta que vino el Anciano de días, y se dio el juicio a los santos del Altísimo; y llegó el tiempo, y los santos recibieron el reino".*

(Daniel 7:22)

Como Jueces ante las Cortes, junto con el Padre, con Cristo, con los siete Espíritus de Dios, con los 24 ancianos y con los cuatro Seres Vivientes, somos los que resolvemos la demanda, los que damos el dictamen final, los que emitimos la sentencia y el juicio. Esta parte es de vital importancia, puesto que la demanda no es la resolución del conflicto; esta debe ser por escrito, en el espíritu, firmada y sellada con la autoridad de Juez que nos ha sido impartida, pero como jueces delante del Cielo tenemos la obligación de entregar a los ángeles dichas resoluciones para que sean ellos los que las ejecuten desde el ámbito espiritual hasta el ámbito terrenal.

"La sentencia es por decreto de los vigilantes, y por dicho de los santos la resolución, para que conozcan los vivientes que el Altísimo gobierna el reino de los hombres, y que a quien él quiere lo da, y constituye sobre él al más bajo de los hombres".

(Daniel 4:17)

Quiero cerrar esta primera parte del libro recordando a todos los amados lectores sobre la necesidad de profundizar en Dios, en su Palabra y la revelación sobre los ángeles.

Tuve una experiencia hace varios años al respecto en una Feria de Libros, cuando una mujer represen- tante de la Nueva Era publicaba su libro sobre los ángeles y parte del libro enseñaba cómo curar a los perros a través de ellos. Desafortunadamente, la Nueva Era ha descubierto mucho sobre los ángeles y lo usa para las tinieblas.

En este tiempo hay un auge de demonólogos –que no son temerosos de Dios –que han profundizado en el tema de los demonios y de los ángeles, también nos hemos dado cuenta que se ha puesto de moda en todas las naciones de la tierra, los programas o las series que tienen que ver con espíritus: con espíritus en casas, con espíritus de muertos, con lugares abandonados, muchos también hacen videos, grabando psicofonías y manifestaciones de todo tipo de seres espirituales, sobre todo de las tinieblas, aunque, según ellos, algunos de luz.

Mi experiencia en el Seminario Bíblico fue la siguiente, cuando se llegó al tema de la angelología fue pasado por alto, y he notado que lo mismo sucede en varios Seminarios Bíblicos, todas las Teo- logías están bien definidas, pero la Teología sobre los ángeles realmente es muy básica.

Estando en una librería, fui a buscar libros sobre los ángeles y lo que encontré fue casi nulo. Lo máximo que encontramos en los libros de teología sobre los ángeles y la revelación sobre ellos es la clasificación de quiénes son los ángeles, arcángeles, serafines y querubines.

Nuestra revelación sobre los ángeles no puede venir de los libros de ocultismo o de la Nueva Era, como muchos pseudo-cristianos lo están buscando. Nuestra revelación de los ángeles debe venir de Dios y toda esta revelación está en las Sagradas Escrituras. Todo lo que Dios quiere que sepamos de los ángeles ya está en las Sagradas Escrituras, pero debemos pedir la revelación.

En el cielo se está abriendo, en este tiempo, una poderosa ventana para que el tema angelical sea revelado como nunca. Oiremos por todas partes maestros proféticos de verdad, enseñando con nivel y con profundidad este maravilloso misterio. Este es el eslabón perdido de la cadena: el ministerio angelical que tanto las tinieblas han torcido y lo han usado para su beneficio. No puede haber intercesión profética eficaz sin los ángeles, no puede haber Corte Celestial sin los ángeles, ellos son los ejecutores de los juicios de Dios y de las resoluciones de los santos de acuerdo a Daniel 4:17.

No fluir en esta revelación nos ha costado demasia- do, la falta de revelación en esta área nos ha hecho inoperantes en esta verdad. Que caiga temor de Dios respecto a este tema para no meternos en ocultismo. Tampoco debemos llegar a orar o adorar a los ángeles o invocarlos: esto está prohibido. En el libro de Apocalipsis 19:10, Juan dice:

> *"Yo me postré a sus pies para adorarle. Y él me dijo: Mira, no lo hagas; yo soy consiervo tuyo, y de tus hermanos que retienen el testimonio de Jesús. Adora a Dios; porque el testimonio de Jesús es el espíritu de la profecía".*

Un verdadero ángel siempre llevará a adorar a Dios. El hecho de que no adoremos a los ángeles, de que no los invoquemos ni les oremos a ellos, no nos exime del conocimiento de que ellos son nuestros siervos, y de que están listos para ayudarnos cuando lo necesitamos, sobre todo en las diversas Cortes.

"¿No son todos espíritus ministradores, enviados para servicio a favor de los que serán herederos de la salvación?"

(Hebreos 1:14)

Te invito, amado lector, que al igual que yo lo hice, ores y pidas revelación sobre este maravilloso tema que nos llevará a otro nivel espiritual. Pidámoslo con temor y reverencia, no olvidando que Lucero también fue un ángel.

Concluyo este capítulo recordando lo que dice la Palabra de Dios:

"los santos hacen las resoluciones y los ángeles las ejecutan".

(Daniel 4:17)

Por lo tanto, después de que el juicio haya sido resuelto, lo que nos queda es orar y entregar la resolución del juicio a los ángeles para que ellos vayan y ejecuten aquello que fue resuelto.

COMO RECIBIR UNCIÓN PARA JUZGAR

Introducción

Este es un pequeño escrito que revelará parte de mi experiencia con Dios para ganar autoridad en las Cortes Celestiales. No es un trabajo fácil, estamos hablando del destino de las naciones: este es un nivel de autoridad muy alto.

La salvación es por gracia, pero mover las Cortes, participar en ellas no lo es. Se requiere de ciertas características en el espíritu para poder movilizarlas.

Han sido años de estudio de la Palabra y de búsqueda de su revelación lo que he plasmado en este escrito que, sin duda, te ha de bendecir. El objetivo no es juzgar a nadie, más bien animarte a poner en orden lo que no está en orden, y a que seas alineado a la voluntad de Dios para que puedas aprender a ser efectivo en las Cortes Celestiales.

Quiero que entiendas que los reinos del mundo están corrompidos bajo el poder de Belial, que es el corruptor. Nuestro Reino o el Reino de Dios es todo lo contrario. Nosotros pertenecemos a un reino incorruptible.

Satanás no puede echar fuera a satanás, por lo tanto, no debe haber nada de corrupción en los que van a entrar en las Cortes. El objetivo no es llenarte de conocimiento, sino que pongas en práctica lo que se expondrá a continuación, que es muy poderoso.

Únete a este grupo de Jueces que activarán los verdaderos destinos de las naciones de la tierra.

LOS NIVELES DE JUSTICIA DEBEN SER ELEVADOS

℘ara poder entender este punto, querría hacer un bosquejo de un maravilloso capítulo que me fue revelado hace algún tiempo. Nunca lo había visto de tal manera; en verdad, este texto cambió mi vida: es un Manual de quién no debe estar en un grupo de Jueces, ni en en un grupo de intercesores.

"¿Osa alguno de vosotros, cuando tiene algo contra otro, ir a juicio delante de los injustos, y no delante de los santos? ¿O no sabéis que los santos han de juzgar al mundo? Y si el mundo ha de ser juzgado por vosotros, ¿sois indignos de juzgar cosas muy pequeñas? ¿O no sabéis que hemos de juzgar a los ángeles? ¿Cuánto más las cosas de esta vida? Si, pues, tenéis juicios sobre cosas de esta vida, ¿ponéis para juzgar a los que son de menor estima en la iglesia?

Para avergonzaros lo digo. ¿Pues qué, no hay entre vosotros sabio, ni aun uno, que pueda juzgar entre sus hermanos, sino que el hermano con el hermano pleitea en juicio, y esto ante los incrédulos? Así que, por cierto es ya una falta en vosotros que tengáis pleitos entre vosotros mismos. ¿Por qué no sufrís más bien el agravio? ¿Por qué no sufrís más bien el ser defraudados? Pero vosotros cometéis el agravio, y defraudáis, y esto a los hermanos. ¿No sabéis que los injustos no heredarán el reino de Dios? No erréis; ni los fornicarios, ni los idólatras, ni los adúlteros, ni los afeminados, ni los que se echan con varones, ni los ladrones, ni los avaros, ni los borrachos, ni los maldicientes, ni los estafadores, heredarán el reino de Dios. Y esto érais algunos; mas ya habéis sido lavados, ya habéis sido santificados, ya habéis sido justificados en el nombre del Señor Jesús, y por el Espíritu de nuestro Dios".

(1 Corintios 6:1-11)

De este texto podemos aprender muchas cosas:

- Los hijos de Dios no deberíamos ir a juicio delante de los impíos, sino delante de los santos.
- Los santos juzgarán cuatro cosas:
    1) El mundo.
    2) Las cosas muy pequeñas.
    3) Los ángeles.
    4) Las cosas de esta vida.
- Los impíos son de menor estima para presentar los juicios que debe hacer la Iglesia.

- Es una vergüenza –según el Apóstol Pablo– que una Iglesia llena de dones y manifestaciones del Espíritu Santo no tenga gente facultada para juzgar.

- Para no ir a juicio delante de los impíos es mejor sufrir la pérdida o aceptar el agravio.

- El Apóstol Pablo relata un cuadro de lo que es la Iglesia actualmente: personas que se dicen ser hermanos y agravian y defraudan a la misma familia de la fe, a los propios hermanos.

¿Qué es caminar en justicia? Según 1 Corintios 6:1- 11, ¿qué características tienen que tener los que van a entrar a las Cortes? Cabe apuntar que el Apóstol Pablo explica que los que practican tales cosas no entrarán en el Reino de Dios, esto no se refiere a salvación por fe, tiene que ver con las Cortes, tiene que ver con el Reino de Dios, tiene que ver con Dios reinando entre nosotros, Dios reinando en la tierra a través de nosotros, que no es un evento que ocurrirá en un tiempo distante, sino que es algo que está ocurriendo ahora entre nosotros. Aleluya.

¿Quiénes no pueden participar de ese reino? ¿quiénes no pueden participar de esas Cortes? ¿quiénes no pueden participar de este nuevo nivel de autoridad que restaurará las naciones? Vamos a analizar la lista que expone el Apóstol Pablo en 1 Corintios 6 del 1 al 11:

1) Los injustos no heredarán el reino de Dios. Cualquier tipo de injusticia nos inhabilita

para participar en las Cortes: injusticia con la esposa, con el esposo, con los padres, con los hijos, con los trabajadores, con los jefes, con los pastores, con los miembros de la iglesia, con el medioambiente e incluso con los animales.

2) Los fornicarios en todas sus manifestaciones no pueden participar de las Cortes.

3) Los idólatras en todas sus manifestaciones no pueden participar de las Cortes Celestiales.

4) Los adúlteros en todas sus manifestaciones tampoco pueden participar en las Cortes.

5) Los afeminados.

6) Los homosexuales, sean hombres o mujeres.

7) Los ladrones, en todas sus manifestaciones.

8) Los avaros.

9) Los borrachos, incluso los que son considerados como de "consumo social" y los que consumen altos niveles de alcohol.

10) Los maldicientes. La Biblia Textual dice "difamadores" o los que dañan la reputación de sus propios hermanos.

11) Los estafadores.

El Apóstol Pablo resume en 11 puntos una lista de quienes no pueden participar en las Cortes Celestiales. Esta es una lista sencilla que expone el Apóstol Pablo y no se trata de personas que no conozcan al Señor, sino que se refiere a personas que están entre los cristianos y se llaman cristianos, pero tienen tales prácticas. Cualquiera que se llame cristiano y tiene tales prácticas queda totalmente inhabilitado para poder llevar un juicio ante las Cortes Celestiales. No es juzgar ni discriminar a nadie. Creemos firmemente en la restauración, por ello sería bueno que la persona que se identifica con cualquiera de estos puntos hiciera un proceso de alineamiento, de liberación, de confesión de pecados, entre otros procesos, antes de ir a las Cortes Celestiales.

Es como ir ante las Cortes terrenales con la intención de demandar a alguien, teniendo veinte órdenes de captura, sería absurdo. No se trata de ser religioso y tener una lista para juzgar a los hermanos, pero lo que está escrito, está escrito. Las personas que están en esta lista no pueden participar en el grupo de jueces, ni en el grupo de intercesores ni de las Cortes. Por su propia seguridad es mejor que no lo hagan. He tenido que llorar al ver los resultados de personas muy amadas que entraron a las Cortes con serios problemas mencionados en esta lista y no salieron bien librados.

No estoy hablando de que la persona que está en esta lista no sea salva, sino que no está habilitada para ejecutar la Justicia de Dios. Tampoco esa inhabilitación es permanente; la persona puede ser restaurada. Luego de pasar por ese proceso, podrá participar en las Cortes.

Concluyo esta parte hablando lo que dijo el Apóstol Pablo: "esto **erais** algunos" Se supone que alguien que verdaderamente vino a Cristo, fue santificado, lavado y justificado por Él, por lo tanto, no tendrá dichas prácticas. Dudamos de que una persona que practique tales cosas y esté entre nosotros, haya tenido una conversión genuina.

Reitero: para entrar en las Cortes, nuestros niveles de justicia tienen que ser elevados. Cierro esta parte con el siguiente texto:

> *"Os he escrito por carta, que no os juntéis con los fornicarios; no absolutamente con los fornicarios de este mundo, o con los avaros, o con los ladrones, o con los idólatras; pues en tal caso os sería necesario salir del mundo. Más bien os escribí que no os juntéis con ninguno que, llamándose hermano, fuere fornicario, o avaro, o idólatra, o maldiciente, o borracho, o ladrón; con el tal ni aun comáis".*

(1 Corintios 5:9-11)

De esta manera podemos afirmar que si una persona que está entre nosotros tiene tales prácticas, debe ser llamado a la restauración, pero si no quiere ser restaurado, nada tiene que hacer entre nosotros; esto nos restará autoridad en las Cortes.

Una vez más, para entrar en las Cortes Celestiales nuestros niveles de justicia tienen que ser elevados.

BÚSQUEDA PROFUNDA DE LA PRESENCIA DEL SEÑOR

quel que quiere ser parte de la Corte Celestial está obligado a dejar la superficialidad y a profundizar en el Señor. La búsqueda profunda y no religiosa de Dios nos dará un nivel de autoridad poderoso en el Señor, no estoy hablando de buscarlo una semana porque tengo un problema y necesito ir a la Corte, hablo de una vida pegada al corazón del Padre, una vida disciplinada en la oración, la Palabra, la adoración y aún el ayuno.

La Iglesia moderna está cruzando el límite de la superficialidad y está perdiendo autoridad. Vemos mucho show cristiano, pero sin autoridad. Entiendo el tema cultural, el tema de la juventud, la tecnología, las estrategias para atraer a la gente a Cristo, pero debemos hacer lo uno sin dejar de hacer lo otro. Ambas cosas garantizan resultados poderosos.

Quiero transcribir parte de una prédica que titulé "La verdad sobre Enoc". (está en nuestro canal de Youtube)

> *"Vivió Jared ciento sesenta y dos años, y engendró a Enoc. Y vivió Jared, después que engendró a Enoc, ochocientos años, y engendró hijos e hijas. Y fueron todos los días de Jared novecientos sesenta y dos años; y murió. Vivió Enoc sesenta y cinco años, y engendró a Matusalén. Y caminó Enoc con Dios, después que engendró a Matusalén, trescientos años, y engendró hijos e hijas. Y fueron todos los días de Enoc trescientos sesenta y cinco años. **Caminó, pues, Enoc con Dios, y desapareció, porque le llevó Dios".***

(Génesis 5:18-24)

En esta lectura se resalta la frase "caminó Enoc con Dios, y desapareció, porque Dios se lo llevó" Enoc no murió, sino que fue transpuesto para no ver muerte. ¿Qué hizo Enoc para que eso aconteciera? **Caminó con Dios**.

En el libro de Judas podemos leer más sobre Enoc:

> *"De éstos también profetizó Enoc, séptimo desde Adán, diciendo: He aquí, vino el Señor con sus santas decenas de millares, para hacer juicio contra todos, y dejar convictos a todos los impíos de todas sus obras impías que han hecho*

impíamente, y de todas las cosas duras que los
pecadores impíos han hablado contra él".

(Judas 1:14-15)

Tenemos muy pocas referencias en nuestra Biblia acerca de Enoc, pero en este capítulo vemos que era un profeta. Judas dice: "De ellos profetizó Enoc". Era el séptimo desde Adán, la séptima generación. Su profecía está contenida en el Libro de Judas, versículos 14 y 15. Profetizó que el Señor venía con sus decenas de millares a hacer juicio a los impíos. Su profecía tenía que ver con justicia, con ángeles y con hacer juicio a los impíos. Enoc, en hebreo, significa "dedicado". (Es un excelente nombre para ponérselo a un hijo) Leemos en el libro de 2 Samuel el siguiente texto:

> *"Y endechó David a Saúl y a Jonatán su hijo con esta*
> *endecha, y dijo que debía enseñarse a los hijos de*
> *Judá. He aquí que está escrito en el libro de Jaser".*

(2 Samuel 1:17-18)

Existe un Libro llamado Jaser, o las Crónicas de Jaser. Parece ser que este libro que es mencionado en la Biblia fue sacado del Canon, pero existe. Es mencionado varias veces en el Antiguo Testamento. Jaser significa "libro del justo, de los justos o de la justicia" Parece ser que a las tinieblas no les conviene que encontremos este libro. También hay falsas traducciones, aunque en 1925 se hizo una buena traducción de las Crónicas de Jaser. Este libro es catalogado por los judíos como histórico e inspirado. Narra lo que fue gran parte de la vida de Enoc, y dice por qué Enoc fue traspuesto.

El capítulo 3 de Jaser relata lo que leímos en Génesis 5: Enoc comenzó a caminar con Dios en medio de una generación terriblemente corrupta, que es la generación antidiluviana, Recordemos lo que narran las Escrituras sobre esa generación cuando tuvieron relaciones las hijas de los hombres con las hijas de Dios y se produjo una raza de gigantes llamados Nefilines.

Enoc decide caminar con Dios en medio de la corrupción. Dios no lo obliga a caminar con él sino que, en medio de esa gran corrupción, Enoc decide caminar con Dios. Él toma una decisión cuando la sociedad de ese tiempo estaba totalmente corrompida. Lo que dicen las Crónicas de Jaser, en el capítulo 3, es que Enoc se comenzó a "auto- secuestrar" o a apartarse. Inició con un día – Enoc era un hombre respetado, y al que la gente buscaba para recibir palabra de sabiduría- Un día Enoc decidió no estar más en medio de tanta corrupción, y buscó aislarse, metiéndose en cuevas para buscar a Dios, adorar en absoluta soledad. Cuando salía de nuevo y estaba ante la gente, caía una poderosa convicción del Espíritu Santo y la gente lo seguía. Su rostro brillaba, en él había algo diferente cuando hablaba, el Señor escribía en el corazón de la gente.

Un día decidió que era muy poco tiempo estar 24 horas buscando el rostro de Dios, y decidió apartarse tres días. Su relación con Dios empezó a ser muy fuerte, cuando salía de su retiro, después de los tres días, grandes cantidades de gente se reunían delante de él y él hablaba poderosamente la Palabra de Dios. La gente lo seguía, querían estar con él, detrás de él. Un día Enoc decidió que no eran suficientes tres días y comenzó a apartarse por seis días. Allí se internaba, buscaba al Padre, adoraba y oía a Dios y cuando salía, la gente acudía en multitudes a escucharlo. Mientras él hablaba los misterios de Dios, estos eran revelados a la gente; el Espíritu Santo traía una tremenda convicción en las personas.

Un día decidió que no eran suficientes seis días, mas adelante se ausentaría durante siete días para buscar el rostro de Dios. Cuando alcanzó el nivel de los siete días, Enoc logró unir la dimensión de lo terrenal y lo celestial como si fuera una misma cosa; para él, ambas dimensiones eran similares. El siguió diciendo que no quería las cosas de la tierra, sino sólo a Dios, la gloria de Dios.

Cuando Enoc salía, después de los siete días de buscar intensamente al Señor, había sobre él una gloria que resplandecía. Jaser dice que cuando Enoc llegó al nivel de apartarse siete días, 190 reyes de la tierra vinieron a buscarlo, pidiéndole que él fuera rey sobre ellos. Enoc no aceptó ser rey sobre ellos, y dijo que había algo más importante que ser rey en la tierra. Ante la insistencia de los 190 reyes, Enoc les planteó una condición para poder reinar sobre ellos: que él se seguiría apartando y se dejaría ver solo cuando él quisiera. Sea uno, siete, veintiuno o treinta días deberían esperarlo. Los 190 reyes aceptaron y se sujetaron porque vieron que lo que Enoc portaba era muy poderoso. Jamás tuvo necesidad material alguna, puesto que la provisión en alimentos o animales estaban siempre disponibles cerca de las cuevas donde él se apartaba a buscar a Dios. Aprendió que la provisión viene del cielo.

Una vez más se volvió a apartar; a veces siete días, a veces treinta días, y cuando salía el Espíritu Santo lo respaldaba poderosamente porque decidió buscar a Dios en medio de una generación corrupta. En una oportunidad, estuvo noventa días apartado. La gente estaba desesperada porque no aparecía, lo buscaron por todas partes, hasta que volvió a aparecer, y venía con un caballo de fuego. Todos se sorprendieron, porque con él venía un malak, un ángel que le había sido asignado. El ángel habló a las personas reunidas y dijo: "no es lícito que ustedes lo escuchen a él; el Padre ha decidido sacarlo de la tierra para que dirija los ángeles." El Padre lo llamó porque le había asignado, por causa de su búsqueda, miríadas celestiales para dirigir. El Señor lo traspuso, porque Enoc caminó con Dios y Dios decidió llevárselo para que dirigiera sus ángeles; este es un misterio que aún no nos ha sido revelado.

Los vigilantes en la Biblia no son solo ángeles; son personas que por la relación que tienen con Dios tienen autoridad para ser regidores de la tierra. Regidor es igual a Juez. Enoc se desconectó tanto de los hombres que el padre lo ascendió, recibió un nivel de vigilante, regidor, juez y director de miríadas celestiales. Fue necesario trasladarlo al cielo, y allí Dios le entregó ángeles a quienes regir.

Debemos saber lo que Dios hizo con Enoc, y que está dispuesto también a hacerlo con nosotros si lo buscamos. La gente esperaba a Enoc por tres meses, Enoc hablaba por una hora y en ese tiempo impartía a los 190 reyes lo que había recibido de Dios, y los reyes lo llevaban a sus naciones. La salida de Enoc de la tierra trajo el diluvio, mientras él estuvo en la tierra frenó la corrupción, pero al ser traspuesto, la corrupción entre ángeles y humanos da lugar a los nefilines.

Necesitamos poder apartarnos para buscar al Señor. Estamos bajo el sistema del mundo que nos impide apartarnos y dedicar tiempo para buscar el Rostro de Dios. La última vez que Enoc salió en escena, apareció con un caballo de fuego celestial. A donde Enoc iba, iba el caballo. El libro de Jaser dice que eran 800 mil varones los que aguardaban siempre el regreso de Enoc y los que, cuando regresaba, siempre lo seguían.

Cuando el ángel dijo: "se tiene que ir " los 800 mil varones dijeron "vive Jehová y vive tu alma que no te dejaremos". La historia cuenta que cuando Enoc se iba a ir, los ochocientos mil procuraban sujetar el caballo, y durante un día todos ellos estuvieron detrás de Enoc. Por la tarde, este les dijo "es muy difícil, es muy duro, no quiero que me sigan más". Y sólo se quedó un puñado de hombres con él, el resto le dio la espalda.

La gente lo seguía porque quería lo celestial, porque quería el caballo de fuego y no la relación que Enoc tenía con Dios. La gente quería lo celestial sin haber pasado por el "autosecuestro", sin haber experimentado la intimidad con Dios. Enoc pasó más de 300 años para llegar a ese nivel. La iglesia necesita apartarse más, como Enoc, Para una Iglesia debe ser más importante que los profetas estén a los pies del Señor que a los pies del pueblo. La gente quería el caballo de Enoc, pero no el proceso de buscar al Señor. Actualmente es igual; la gente quiere la gloria que portan sus profetas, sin querer vivir el proceso.

La Biblia dice que Enoc fue traspuesto para no ver muerte. Podemos entender desde esta óptica por qué razón están en la nube de testigos los que están en Hebreos 11. ¿Qué pasó con el puñado de personas que quedó juntamente con Enoc? A donde se movía Enoc y el caballo, allí iban ellos. Ellos sí cumplieron sus palabras cuando le dijeron "vive Jehová y vive tu alma que no te dejaré". (Para muchas personas en las congregaciones, esta es una frase que tiene validez limitada: cuando el ministro tiene algún tipo de problemas de carácter o algo más.) Ellos permanecieron a pesar de que Enoc les decía que se marcharan. Nuevamente apareció el Malak, el ángel, y dijo: "ya es hora de que Enoc salga de la tierra" A causa de esas palabras que ellos dijeron y las cumplieron, la historia dice que ese puñado también fue traspuesto. Enoc no subió solo porque ellos estuvieron dispuestos a darlo todo, también recibieron la recompensa. No quisieron la liviandad, no quisieron el sistema de este mundo.

Enoc caminó con Dios y fue traspuesto para no ver muerte. Caminó con Dios y Dios se lo llevó, pero algo sensacional ocurrió: la gente que le fue fiel hasta el final también fue llevada por Dios a dirigir ejércitos celestiales.

Amado lector: el cielo está sacudiendo la superficialidad en medio de la Iglesia. El Señor nos está llamando a apartarnos y a buscarlo a Él. ¿Quieres ser uno de los regidores de la tierra? Este es el propósito de este capítulo, saber que este es un estado que se puede alcanzar en vida. Leemos en el libro de Romanos:

"Porque a los que antes conoció, también los predestinó para que fuesen hechos conformes a la imagen de su Hijo, para que él sea el primogénito entre muchos hermanos. Y a los que predestinó,

"a éstos también llamó; y a los que llamó, a éstos también justifi y a los que justifi a éstos también glorifi

(Romanos 8: 29-30)

Este texto habla de la glorificación. Extrañamente, la Iglesia ha interpretado que la glorificación sucede después de la muerte, pero puedo demostrarle por medio de las escrituras cómo personas como Moisés, Elías, Enoc, como el Señor Jesús y los Apóstoles del primer tiempo comenzaron a manifestar la glorificación estando en sus cuerpos, de tal manera que su sombra sanaba a los enfermos.

No podemos esperar que esta poderosa experiencia nos ocurra después de muertos o después del rapto. Somos portadores vivientes de la gloria de Dios. Podemos manifestar la glorificación, como Enoc, estando vivos. Esto no viene solo porque lo hablamos o porque cambiamos de lenguaje; hay que pagar un precio. Necesitamos "autosecuestrarnos". La única forma es buscar y buscar y buscar, y buscar hasta que esto ocurra.

No hay otra forma; para ser regidores de la tierra, para ser Jueces sobre la tierra debemos caminar con Dios, como caminó Enoc.

UN TERRIBLE ENEMIGO DE LOS JUECES

Leemos en el Libro de Oseas:

"Fornicación, vino y mosto quitan el juicio".

(Oseas 4:11)

En los años que llevo en el Evangelio, he visto cómo grandes hombres de Dios han sido reducidos a un bocado de pan por causa de la inmoralidad. Leemos en el libro de Proverbios:

"Porque a causa de la mujer ramera el hombre es reducido a un bocado de pan; Y la mujer caza la preciosa alma del varón".

(Proverbios 6:26)

La inmoralidad sexual no respeta edad, sexo, posición social y, mucho menos, si uno es ministro o pastor. He visto gente tremendamente ungida caer en terribles pecados sexuales. La Unción de Juez es una autoridad superior en Dios, para alcanzarla, debemos tener serios niveles de consagración, especialmente en el área sexual. Una persona que tenga problemas sexuales de cualquier índole no debe estar en un grupo de intercesores o jueces hasta que no haya sido restaurado. Dicha persona está totalmente inhabilitada para entrar a las Cortes. No hablo de salvación por gracia, y mucho menos de si la persona pueda ser restaurada o no. La respuesta es un rotundo sí. Estoy hablando de entrar a las Cortes siendo inmorales. Esto es muy peligroso; he visto gente a quien amaba, entrar en cautiverios de los cuales no pudieron ser libres por haber entrado en las Cortes sin ningún tipo de temor de Dios. En medio de este proceso, vi morir a personas muy amadas como consecuencia de haber entrado a las Cortes sin dejar la inmoralidad, he visto gente enfermarse terriblemente por el mismo motivo. La retaliación del enemigo fue severa en esos casos: vi ministerios hermosos desmoronarse en cuestión de días por no alinear estas áreas con Dios antes de entrar a las Cortes.

Deseo entregar en este capítulo un pequeño bosquejo de un capítulo de las Escrituras que nos traerá mucha luz en esta área:

> *"Todas las cosas me son lícitas, mas no todas convienen; todas las cosas me son lícitas, mas yo no me dejaré dominar de ninguna. Las viandas*

para el vientre, y el vientre para las viandas; pero tanto al uno como a las otras destruirá Dios. Pero el cuerpo no es para la fornicación, sino para el Señor, y el Señor para el cuerpo. Y Dios, que levantó al Señor, también a nosotros nos levantará con su poder. ¿No sabéis que vuestros cuerpos son miembros de Cristo? ¿Quitaré, pues, los miembros de Cristo y los haré miembros de una ramera? De ningún modo. ¿O no sabéis que el que se une con una ramera, es un cuerpo con ella? Porque dice: Los dos serán una sola carne. Pero el que se une al Señor, un espíritu es con él. Huid de la fornicación. Cualquier otro pecado que el hombre cometa, está fuera del cuerpo; mas el que fornica, contra su propio cuerpo peca. ¿O ignoráis que vuestro cuerpo es templo del Espíritu Santo, el cual está en vosotros, el cual tenéis de Dios, y que no sois vuestros? Porque habéis sido comprados por precio; glorificad, pues, a Dios en vuestro cuerpo y en vuestro espíritu, los cuales son de Dios".

(1 Corintios 6:12-20)

- Un hijo de Dios tiene libertad, pero debe pensar muy bien qué hace con esa libertad. La inmoralidad puede llegar a dominar a una persona totalmente, al punto que alguien que iba a una congregación o iba a un ministerio, puede ser envuelto en los pecados sexuales más abominables y terribles.

- El cuerpo no es para la inmoralidad, el cuerpo es para el Señor.

- Un hijo de Dios que incurre en inmoralidad es como si se amputara del Cuerpo de Cristo y se hiciera miembro de la ramera o de la reina del cielo. Unirse a otra persona es algo espiritual; no solo se unen los cuerpos, sino que se une a la entidad espiritual que dominaba a la persona con la cual se acuesta.

- El que se une a una ramera es una carne con ella, como sucede en un matrimonio. La pregunta es ¿y si se acuesta con dos, tres, cuatro, cinco o seis? La pornografía o la masturbación también hace que la persona se haga uno en el espíritu con la enti- dad espiritual que gobierna estas dos prácticas.

- Si la persona es casada, el pacto matrimonial es quebrantado, y esto es terrible, puesto que también se hace uno con la persona y las entidades espirituales de la persona con la que se incurre en inmoralidad.

- La forma más poderosa de ser libres de la inmoralidad es uniéndose al Señor. El que se une al Señor, un espíritu es con él. Esto solo se logra a través de una profunda intimidad con el Señor. He descubierto que personas que tienen serios problemas sexuales cuando se vuelven adictos a tiempos muy profundos de adoración, alcanzan la libertad. Es de entender que no hablo de música con mensajes cristianos, sino de tiempos profundos de adoración en el espíritu. Definitivamente, acontece un matrimonio con el Señor, al unirnos con él, nos hacemos uno "Él en mí y yo en Él" Es imposible que alguien que tenga tal relación de comunión con el Señor, tenga la posibilidad de incurrir en inmoralidad sexual. Este tipo de intimidad con el Señor desarrolla temor de Dios, que es amar lo que Dios ama y aborrecer lo que Dios aborrece.

• ¿Cómo tratar la inmoralidad? El camino es huir, como José. Con este tipo de pecado no se debe esperar. Aún grandes hombres de Dios en la Biblia como Sansón y David incurrieron en inmoralidad por faltar a este principio. Es mejor correr, es mejor ser tratado mal, es mejor que se burlen de nosotros, con tal de que podamos tener autoridad en Dios. Las generaciones nuevas, como niños, adolescentes y jóvenes deben guardar su corazón y establecer dicho principio. Son ellos los que están en las primeras listas para ser dominados por las tinieblas. La gente adulta tiene serias cicatrices y secuelas que quedaron como consecuencia de la inmoralidad. La gente adulta, hombres y mujeres, líderes y pastores de las congregaciones deben desarrollar sus sentidos espirituales y a la más mínima manifestación del espíritu de seducción, deben levantarse y huir. Las manchas, y derechos legales que se ceden a las tinieblas son muy grandes cuando los ministros dejan deslizar sus pies hacia la inmoralidad.

- Hay un misterio: de acuerdo al Apóstol Pablo todos los pecados quedan fuera del cuerpo, pero el único pecado que queda dentro del cuerpo es la inmoralidad. *El que fornica, contra su propio cuerpo peca.* Qué tremendo. Me pregunto si no será la inmoralidad la causa de muchas enfermedades en el cuerpo, donde la inmoralidad deja sus semillas.

- Otra cosa que debemos entender es que nuestro cuerpo es el templo del Espíritu Santo. Es de vital importancia entender que el templo del Espíritu Santo no es el alma ni el espíritu, sino el cuerpo. En el tempo se adora, por lo tanto, el cuerpo debe ser consagrado para el Señor, cada miembro de nuestro cuerpo debe rendir adoración a Dios, incluyendo los genitales.

- Al entender este principio, el hijo de Dios debe saber que no somos de nosotros mismos, sino que somos de Cristo. Por lo tanto no podemos decidir hacer lo que se nos da la gana con nuestro cuerpo.

- Por causa del precio que se pagó en la cruz, debemos glorificar a Dios en nuestro cuerpo y en nuestro espíritu.

Concluyo este capítulo diciendo que nuestro deseo debe ser darle la gloria a Cristo con nuestro cuerpo. La inmoralidad en medio de la Iglesia ha sido una causante de que muchos inconversos no vengan a Cristo. Esto es una falta de testimonio, ¿cómo vamos a exigir a las nuevas generaciones que se guarden para Dios y que tengan buenas familias, si en este tiempo los modelos de familia escasean en el pueblo de Dios? Estamos llenos de divorcios, por causa de la inmoralidad.

Amado lector, haz un compromiso con Dios, seas casado o soltero, de guardarte para Dios en esta área. Recuerda que guardarse para Dios nos da un mayor nivel de autoridad para entrar en las Cortes. Incurrir en inmoralidad nos inhabilita para ello y nos deja inoperantes para mover lo angelical. Si usted dice que no es posible, yo le respondo que **al que cree, todo le es posible.**

Sí es posible ser libre de cualquier tipo de inmoralidad sexual. Busca ayuda y sujétate a un proceso de liberación y sanidad sexual. Las Cortes nos están esperando.

CONOCIMIENTO PROFUNDO DE LAS LEYES DEL REINO

¿**D**eseas moverte en las cortes celestiales? ¿Necesitas conocer profundamente las leyes del Reino al que pertenecemos? El mundo espiritual tiene leyes infalibles. Hay leyes espirituales que mueven lo celestial y es imposible acceder a las Cortes sin tener un conocimiento revelado de las leyes del Reino. Estas leyes no deben ser buscadas en libros de brujería ni de ocultismo, Nueva Era, gnosticismo o falsas doctrinas. Todas estas leyes están contenidas en las Sagradas Escrituras y deben ser buscadas con un profundo espíritu de revelación. La carrera de Derecho -que habilita a ejercer la abogacía-, dura 4 años en Colombia, en otros países 5 o

6 años. Para conocer las leyes en profundidad y adquirir la habilidad para aplicarlas a cada situación, –además de la continua renovación que las distintas legislaciones van sufriendo con el paso del tiempo, y la especificidad de cada Nación y cada territorio–, es necesaria una profunda dedicación y estudio.

De la misma manera, el Reino de los cielos se rige por poderosas leyes que debemos conocer. La Iglesia de Jesucristo ha estado en peligro por no conocer esas leyes, pues el hecho de que no las conozcamos no significa que no operen.

De ahora en adelante, cada vez que tomes en tus manos las Sagradas Escrituras, pídele al Espíritu Santo que te revele las leyes del Reino para poder actuar con eficacia en las Cortes Celestiales. Una de las maneras más poderosas de acceder a ellas es a través de la adoración profunda.

Veamos algunas partes del Salmo 149 que nos ayudarán a entender lo anteriormente mencionado.

"Cantad a Jehová cántico nuevo;
Su alabanza sea en la congregación de los santos.
Alégrese Israel en su Hacedor; Los hijos de Sion se
gocen en su Rey. Alaben su nombre con danza;
Con pandero y arpa a él canten.

Porque Jehová tiene contentamiento en su pueblo;
Hermoseará a los humildes con la salvación.

Regocíjense los santos por su gloria, Y canten aun sobre sus camas. Exalten a Dios con sus gargantas, Y espadas de dos filos en sus manos, Para ejecutar venganza entre las naciones, Y castigo entre los pueblos;

Para aprisionar a sus reyes con grillos, Y a sus nobles con cadenas de hierro;

Para ejecutar en ellos el juicio decretado; Gloria será esto para todos sus santos. Aleluya".

(Salmo 149:1-9)

De acuerdo a este texto podemos puntualizar lo que debe caracterizar la verdadera alabanza:

- Se debe adorar al Señor con canciones nuevas.
- La adoración no debe ser solo personal. Hay un poder tremendo en la adoración congregacional.
- La adoración se levanta en relación a quién es Dios: hacedor y Rey.
- La forma de adorar es con danza, pandero y arpa.
- El Señor ama al pueblo que lo adora y desata salvación por medio de la alabanza para los oprimidos.
- La alabanza y adoración es un estilo de vida que se debe desarrollar 24/7, aún desde las camas.
- La adoración tiene que ver con lo que sale de nuestras bocas.
- La alabanza y la adoración se convierten en armas de guerra.

- En el texto, la persona estaba adorando, y de repente terminó con una espada de dos filos en sus manos. Evidentemente, esto ocurre en el ámbito espiritual.

- En medio de la alabanza se establecen los juicios de Dios sobre las naciones y sobre los pueblos.

- En medio de la adoración y la alabanza se toman prisioneros a los reyes de las naciones con grillos, y a los nobles con cadenas de hierro. Esto se puede dar en lo físico: hombres o mujeres que están en altos estrados del gobierno y que corrompen a las naciones de la tierra y tienen que ser depuestos, pero es evidente que aquí habla de entidades espirituales que gobiernan las naciones y que deben ser metidos en prisiones con grillos y atados con cadenas de hierro.

- "Para ejecutar en ellos el juicio decretado": en medio de la alabanza se ejecutan en las entidades espirituales los juicios decretados. Nuestro Reino ya tiene juicios y decretos. Son ejecutados en la alabanza y en la adoración.

¿Dónde están estos juicios? En las Sagradas Escrituras. ¿Qué debemos hacer? Pedir al Espíritu Santo que nos revele las Escrituras. Así como el abogado estudia las leyes para graduarse, el que quiera ser Juez deberá conocer las leyes del Reino para presentar los juicios en las Cortes Celestiales. Aquí algunas Leyes del Reino:

LEYES DEL REINO PARA SANIDAD:

Éxodo 15:26:

> *"y dijo: Si oyeres atentamente la voz de Jehová tu Dios, e hicieres lo recto delante de sus ojos, y dieres oído a sus mandamientos, y guardares todos sus estatutos, ninguna enfermedad de las que envié a los egipcios te enviaré a ti; porque yo soy Jehová tu sanador".*

Isaías 53:5:

> *"Mas él herido fue por nuestras rebeliones, molido por nuestros pecados; el castigo de nuestra paz fue sobre él, y por su llaga fuimos nosotros curados".*

1 Pedro 2:24:

> *"quien llevó él mismo nuestros pecados en su cuerpo sobre el madero, para que nosotros, estando muertos a los pecados, vivamos a la justicia; y por cuya herida fuisteis sanados".*

LEYES DEL REINO PARA PROVISIÓN:

Filipenses 4:19:

> *"Mi Dios, pues, suplirá todo lo que os falta conforme a sus riquezas en gloria en Cristo Jesús".*

Salmos 34:10:

> *"Los leoncillos necesitan y tienen hambre, pero los que buscan al Señor no tendrán falta de ningún bien".*

LEYES DEL REINO PARA LA RESTAURACIÓN DE LOS HIJOS:

Isaías 49:25:

> *"Pero así dice Jehová: Ciertamente el cautivo será rescatado del valiente, y el botín será arrebatado al tirano; y tu pleito yo lo defenderé, y yo salvaré a tus hijos".*

Isaías 54:13:

> *"Y todos tus hijos serán enseñados por Jehová; y se multiplicará la paz de tus hijos".*

LEYES PARA LA POSESIÓN DE LA TIERRA:

Salmos 24:1:

> *"De Jehová es la tierra y su plenitud, el mundo y los que en él habitan".*

Josué 1:3:

> *"Yo os he entregado, como lo había dicho a Moisés, todo lugar que pisare la planta de vuestro pie".*

Deuteronomio 1:8 y 21:

> *"Mirad, yo os he entregado la tierra; entrad y poseed la tierra que Jehová juró a vuestros padres Abraham, Isaac y Jacob, que les daría a ellos y a su descendencia después de ellos".*

> *"Mira, Jehová tu Dios te ha entregado la tierra; sube y toma posesión de ella, como Jehová el Dios de tus padres te ha dicho; no temas ni desmayes".*

Salmos 2:8:

> *"Pídeme y te daré por herencia las naciones, y*
> *como posesión tuya los confines de la tierra".*

Estas leyes no solo son beneficios para los hijos de Dios y nada más. Estas leyes implican una condición para alcanzar dichos beneficios. Es necesario partici- par de la condición para poder alcanzar el beneficio. Vemos un ejemplo en el libro de Hebreos 3:15 "Si oyereis hoy su voz no endurezcáis vuestro corazón"

¿Cuál es la condición? **"Si oyeres hoy su voz."**

Otro ejemplo es que las personas quieren bendición hasta que sobreabunde, pero, ¿cuál es la condición? Malaquías 3, versículo 10 y 11:

> *"Traed todos los diezmos al alfolí y haya alimento en*
> *mi casa; y probadme ahora en esto, dice Jehová de los*
> *ejércitos, si no os abriré las ventanas de los cielos, y*
> *derramaré sobre vosotros bendición hasta que*
> *sobreabunde.*
>
> *Reprenderé también por vosotros al devorador, y*
> *no os destruirá el fruto de la tierra, ni vuestra vid*
> *en el campo será estéril, dice Jehová de los*
> *ejércitos".*

¿Cuál es la ley para la provisión en este capítulo? "Traed los diezmos y las ofrendas al alfolí", esta es la condición para que se desate la bendición sobreabundante sobre el pueblo de Dios. La mayor parte de la gente quiere los beneficios sin tener en cuenta las condiciones que son necesarias para alcanzarlos.

De acuerdo al Salmo 149, versículo 9 hay un juicio que ya fue decretado para cada situación, hay una ley específica para llevar a la Corte cada problema. *"Para ejecutar en ellos el juicio decretado. Gloria será esto para todos sus santos".* En las Sagradas Escrituras están contenidos los juicios con los cuales podemos presentarnos delante del Trono, de los 24 ancianos, de los 7 Espíritus de Dios y de los 4 Seres Vivientes para ser ayudados en nuestras demandas.

Debemos pedir al Espíritu Santo discernimiento para que estas leyes nos sean reveladas porque de lo contrario no vamos a poder movernos en las Cortes Celestiales y los juicios serán nulos. Hay una ley y un juicio para cada situación.

No te estoy mandando a judaizar, pero 2 Timoteo 3:16 y 17 dice:

> *"Toda la Escritura es inspirada por Dios, y útil para enseñar, para redargüir, para corregir, para instruir en justicia, a fi de que el hombre de Dios sea perfecto, enteramente preparado para toda buena obra".*

Eso significa que **toda** la escritura es inspirada por Dios. El Antiguo Testamento contiene serias leyes del reino que, sin volvernos legalistas ni judaizar, nos van a ayudar en las Cortes. Para comprender con mayor profundidad este tema, vamos a reflexionar sobre algunos términos:

> *"Estos, pues, son los mandamientos, estatutos y decretos que Jehová vuestro Dios mandó que os enseñase, para que los pongáis por obra en la*

tierra a la cual pasáis vosotros para tomarla; para que temas a Jehová tu Dios, guardando todos sus estatutos y sus mandamientos que yo te mando, tú, tu hijo, y el hijo de tu hijo, todos los días de tu vida, para que tus días sean prolongados. Oye, pues, oh Israel, y cuida de ponerlos por obra, para que te vaya bien en la tierra que fl leche y miel, y os multipliquéis, como te ha dicho Jehová el Dios de tus padres. Oye, Israel: Jehová nuestro Dios, Jehová uno es. Y amarás a Jehová tu Dios de todo tu corazón, y de toda tu alma, y con todas tus fuerzas. Y estas palabras que yo te mando hoy, estarán sobre tu corazón; y las repetirás a tus hijos, y hablarás de ellas estando en tu casa, y andando por el camino, y al acostarte, y cuando te levantes. Y las atarás como una señal en tu mano, y estarán como frontales entre tus ojos; y las escribirás en los postes de tu casa, y en tus puertas".

(Deuteronomio 6:1-9)

Nuestro Reino tiene mandamientos, estatutos, decretos y leyes.

- **MANDAMIENTO:** del hebreo *Mitzbá,* significa "lo que yo debo hacer".

- **ESTATUTO:** del hebreo *Jôqaq,* es lo establecido, lo prescrito, es lo que se ha asignado a alguien y de eso no se puede disponer, no se puede cambiar, no se puede darle un manejo diferente, algo que ya está acordado y no se puede modificar.

- **DECRETO:** del hebreo *Shafát,* significa juzgar o gobernar. Es regir, administrar justicia, es la capacidad de juzgar, de mediar entre dos partes para resolver un asunto. En el Reino de Dios, los decretos deben ser a favor de los débiles.

"tú oirás desde el cielo y actuarás, y juzgarás a tus siervos, condenando al impío y haciendo recaer su proceder sobre su cabeza, y justificando al justo para darle conforme a su justicia".

(1 Reyes 8:32)

"Se engordaron y se pusieron lustrosos, y sobrepasaron los hechos del malo; no juzgaron la causa, la causa del huérfano; con todo, se hicieron prósperos, y la causa de los pobres no juzgaron. ¿No castigaré esto? dice Jehová; ¿y de tal gente no se vengará mi alma?"

(Jeremías 5:28-29)

- **LEY:** del hebreo *Torhá*, significa instrucción, dictado, decisión, estilo de vida. Es la manifesta- ción global de la voluntad del Señor. La Ley cobija estatutos, mandamientos y decretos. Así que, el Reino al que nosotros pertenecemos tiene mandamientos, decretos, estatutos y leyes.

Debemos pedirle la revelación al Espíritu Santo para saber, en cada caso particular, cómo debemos traer la Justicia de Dios relativa a cada situación.

Prepárate para descubrir lo maravilloso que es fluir en el poder de las Cortes Celestiales y pídele el Espíritu Santo que te sean reveladas las leyes del Reino para ir a las Cortes y presentar tus demandas.

REVELACIÓN DE LA AUTORIDAD

"Sométase toda persona a las autoridades superiores; porque no hay autoridad sino de parte de Dios, y las que hay, por Dios han sido establecidas. De modo que quien se opone a la autoridad, a lo establecido por Dios resiste; y los que resisten, acarrean condenación para sí mismos. Porque los magistrados no están para infundir temor al que hace el bien, sino al malo.

¿Quieres, pues, no temer la autoridad? Haz lo bueno, y tendrás alabanza de ella; porque es servidor de Dios para tu bien. Pero si haces lo malo, teme; porque no en vano lleva la espada, pues es servidor de Dios, vengador para castigar al que hace lo malo. Por lo cual es necesario estarle sujetos, no solamente por razón del castigo, sino también por causa de la conciencia. Pues por esto pagáis también los tributos, porque son servidores de Dios que atienden continuamente a esto mismo. Pagad a todos lo que debéis: al que

tributo, tributo; al que impuesto, impuesto; al que respeto, respeto; al que honra, honra. No debáis a nadie nada, sino el amaros unos a otros; porque el que ama al prójimo, ha cumplido la ley".

(Romanos 13:1-8)

Llevo muchos años perteneciendo al pueblo de Dios y he visto muchas situaciones anómalas res- pecto a este tema. La anarquía es una constante entre nosotros, y sobre todo, en los ministerios proféticos, pues con la frase "Dios dijo", hoy la gente justifica su rebelión, su pecado, las divisiones o las destrucciones de los hogares, entre otras cosas. Creo que independientemente del llamado o del don que tengamos es de suprema importancia estar bajo autoridad y, ante ella, rendir cuentas, cosa que a un grupo de personas les cuesta mucho. Es verdad también que hay un grado de manipulación muy grande con la frase "hay que estar bajo autoridad" o "debes tener una cobertura". Muchas –aunque no todas– las denominaciones están llenas de manipulación e injusticias. Pero eso no nos exime de estar bajo autoridad. He oído a mucha gente decir "Yo no necesito de eso".

Sin embargo, nuestro Reino, es un Reino de autoridad. Es imposible mover las Cortes siendo un rebelde o anarquista. El tema de la autoridad nos tiene que ser revelado, para lo que recomiendo la lectura del poderoso libro de Watchman Nee, "Autoridad espiritual".

La rebelión es el pan de cada día en el cuerpo de Cristo, la falta de respeto a los hombres y mujeres de Dios es una constante, el denigrar y dañar ministerios se volvió un hobby para algunas personas. Hace unos 30 años, dañar un ministerio era más difícil; se oía de un chisme de un hombre o mujer de Dios con poca frecuencia, pero con el auge de las redes sociales es casi normal recibir mensajes todo el tiempo sobre ministerios y ministros, solo con el objetivo de dañarlos, cosa que Dios aborrece. Si esas acusaciones fueran ciertas, ¿qué deberíamos hacer? 1de Juan 3:15 dice:

"Todo aquel que aborrece a su hermano es homicida; y sabéis que ningún homicida tiene vida eterna permanente en él".

Y el libro de Gálatas 6:1 dice:

"Hermanos, si alguno fuere sorprendido en alguna falta, vosotros que sois espirituales, restauradle con espíritu de mansedumbre, considerándote a ti mismo, no sea que tú también seas tentado".

Pero este tipo de videos que solo buscan desacreditar y dañar a los ministerios son faltos totalmente del amor de Dios y de un espíritu de restauración. El objetivo de quienes hacen esto es destruir. Que no se nos olvide que a pesar de los errores que pueda cometer un ministro de Dios todavía sigue siendo autoridad.

¿Cuál debe ser nuestra medida de obediencia a la autoridad?

Y habló el rey de Egipto a las parteras de las hebreas, una de las cuales se llamaba Sifra, y otra Fúa, y les dijo: Cuando asistáis a las hebreas en sus partos, y veáis el sexo, si es hijo, matadlo; y si es hija, entonces viva. Pero las parteras temieron a Dios, y no hicieron como les mandó el rey de Egipto, sino que preservaron la vida a los niños. Y el rey de Egipto hizo llamar a las parteras y les dijo: ¿Por qué habéis hecho esto, que habéis preservado la vida a los niños? Y las parteras respondieron a Faraón: Porque las mujeres hebreas no son como las egipcias; pues son robustas, y dan a luz antes que la partera venga a ellas. Y Dios hizo bien a las parteras; y el pueblo se multiplicó y se fortaleció en gran manera. Y por haber las parteras temido a Dios, él prosperó sus familias".

(Éxodo 1:15-21)

La orden de Faraón fue exterminar a los niños varones. Él era la autoridad de Egipto y mandó a las parteras a cumplir una orden abominable, pero ellas no obedecieron y preservaron las vidas de estos niños, y a causa de su desobediencia a Faraón, Dios las prosperó. Aquí podemos entender que la obediencia a la autoridad no es absoluta, sino que es relativa: cuando una autoridad va contra Dios y su palabra, no estamos en la obligación de obedecer, aun cuando sea un ministro o un pastor, este no puede pedir a una hermana de la congregación que tenga relaciones sexuales con él, por ejemplo, y ella jamás debe obedecer en estos casos, aunque él sea la autoridad. En tal caso, ella debe salir inmediatamente de ahí y denunciar a tal persona.

EL PODER DE SER ENVIADOS.

"Había entonces en la iglesia que estaba en Antioquía, profetas y maestros: Bernabé, Simón el que se llamaba Niger, Lucio de Cirene, Manaén el que se había criado junto con Herodes el tetrarca, y Saulo. Ministrando éstos al Señor, y ayunando, dijo el Espíritu Santo: Apartadme a Bernabé y a Saulo para la obra a que los he llamado. Entonces, habiendo ayunado y orado, les impusieron las manos y los despidieron".

(Hechos 13:1-3)

Hay muchas personas "autoenviadas". Esto es un tema de legalidades en el espíritu, no estar bajo autoridad y no ser enviados nos quita legalidad. Para movernos en las Cortes no podemos fluir en un espíritu de usurpación o en un espíritu de Absalón. En la primera Iglesia los Apóstoles oraban para que el Espíritu Santo mostrara quién era la persona que iba a desarrollar determinadas tareas y luego que tenían la respuesta del Espíritu Santo, les imponían las manos y los enviaban.

Esto es muy importante, estar bajo autoridad de un cuerpo Apostólico libre de manipulación y que haya orado al Espíritu Santo antes de ser enviados. Oí una historia muy poderosa que ocurrió en un territorio lleno de brujería. Las personas que allí iban a ministrar debían entrar en niveles muy profundos de guerra espiritual a causa de la brujería, pero con el tiempo se terminaban enfermando y muriendo, de hecho, allí había un cementerio exclusivo para pastores y cristianos. Ante ese hecho, se comenzó a investigar qué estaba sucediendo, y se supo que había un grupo de cristianos que había sobrevivido, que no habían sido dañados por la hechicería en ese territorio, y qué sorpresa tan grande fue corroborar que todos aquellos que habían sobrevivido eran personas que habían sido enviadas o que estaban bajo autoridad. Esto es un tema de legalidades: todos los "autoenviados" a ese territorio no sobrevivían, y es que el Reino de Dios no está obligado a respaldar lo que el mismo Reino no ha enviado, sino que es producto de la obstinación humana.

Estar bajo autoridad y rendir cuentas a una autoridad espiritual es una gran bendición, puesto que nos da protección y nos blinda de un montón de males, y nos habilita para entrar y actuar con eficacia en las Cortes Celestiales.

CAMINANDO CON JUECES: EL PODER DE LA REVELACIÓN

Esta parte del libro explica cómo recibir autoridad para ser Juez sobre la tierra. Hace unos 7 años en mi vida ministerial sentía la necesidad imperiosa de recibir cosas novedosas de parte del Señor. Yo sabía que había algo más y lo estaba buscando. Buscaba un rompimiento espiritual en mi vida, familia, finanzas y ministerio. ¿Qué podría hacer? Ocurrieron varios eventos que deseo narrar:

1. **La conversación con el anciano:** en este desespero por buscar más de Dios tuve una experiencia sin precedentes, un encuentro con un anciano. Había viajado a predicar a un pequeño lugar llamado

Guateque. Luego de predicar, el amado Pastor me llevó a almorzar a un bonito restaurante fuera de la ciudad donde había muchos lagos de pesca. Como muchos saben, una de mis pasiones son los animales, así que, mientras preparaban el almuerzo, procedí a ver los pozos de pescados. Para mi sorpresa, se me acercó un anciano con ruana y sombrero y me dijo – Yo soy el dueño, si usted desea, le puedo explicar cómo funcionan estos pozos, mientras le preparan el almuerzo. Yo respondí -como un niño- ¡claro que sí! Entonces él empezó desde el pozo más alto hasta el pozo más bajo, y me explicó con mucho cariño y vehe- mencia cómo había hecho los pozos. Me contó cómo había varios tipos de pozos que habían hecho algunos aprendices de la Universidad y de los cuales se sacaba pescado con mucha lentitud, pero luego me explicó cómo él mismo había diseñado algunos pozos de donde se podía sacar el pescado muy rápido; luego, mirándome a los ojos como si fuera mi abuelo, me dijo: –Porque en esto hay que estar con los que tienen los secretos. Y me volvió a repetir: –En esto hay que estar con los que tienen los secretos. Y añadió: repita conmigo, "en esto hay que estar con los que tienen los secretos".

Nos despedimos y me llamaron desde el res- taurante, puesto que mi almuerzo ya estaba listo. Hablé inmediatamente con la mesera, y le dije: qué buen señor era el anciano con el que estaba hablando, a lo que ella me respondió: ¿qué anciano, señor? Y yo le respondí: el dueño, el que fabricó los pozos. Ella me respondió que no había tal dueño, ni tal anciano. Yo insistí, diciendo: el anciano que venía conmigo desde arriba y que me enseñó cómo funciona toda la producción. Ella me miró y dijo – Señor: hemos estado viendo y usted viene hablando solo desde la parte de arriba hasta abajo, ¿tiene problemas?

Allí fueron alumbrados los ojos de mi espíritu y pude comprender que había hablado con un ángel o con mi amado Señor Jesús. Ya varias veces he tenido encuentros celestiales similares. ¿Cuál fue la lección en este encuentro celestial? **En esto hay que estar con los que tienen los secretos.** El Reino de Dios tiene secretos o detonadores que cuando los encuentras, pueden cambiar tu destino para siempre, muchos están en manos de siervos de Dios, y para que sean soltados, debemos estar dispuestos a caminar con ellos. No hablo de congregarnos con ellos, ni de escu- charlos a ellos, hablo de lo que aconteció entre Elías y Eliseo: caminar a toda costa con ellos y servirles sin importar cuál fuera el precio.

Después de tantos años en el evangelio, yo me di cuenta que nunca había sido siervo de profeta, por eso me propuse servir y honrar a cada profeta verdadero que conozco. Es la única forma para que su depósito me sea transferido.

2. **"Pues, bajándolas"**: en la búsqueda de los secretos del Reino de Dios, encontramos a un amado profeta que hablaba algunas cosas que hacían "clic" en nuestro espíritu. Parte de lo que hablaba tenía que ver con que él bajaba las finanzas. Para ese tiempo estábamos viviendo física, espiritual y económicamente con lo justo, por tanto, me llamó la atención lo que este hombre de Dios hablaba. Ese profeta es actualmente mi amigo. Para ese tiempo nos enteramos que iba a dar una conferencia en la ciudad de Bogotá, y con presteza fuimos a apartar nuestros cupos para asistir. Luego de la conferencia, me acerqué a él para hacerle una pregunta muy específica:

¿Cómo se bajan las finanzas? A tal pregunta me respondió con unas palabras muy duras: **Pues, bajándolas.**

Este evento marcó mi vida. Volví a mi casa y ante la presencia del Señor, lloré por esa respuesta que había recibido. Sin darme cuenta me quedé dormido, y el Señor me habló en un sueño, diciéndome: "Te daré diseños, te daré secretos, te daré revelación. Yo mismo te enseñaré y vendrán de las naciones para oírte hablar, porque mi Sabiduría saldrá de tu boca. Te daré un ejército de hijos a los que enseñarás en todas las naciones de la tierra"

De ahí en adelante me propuse buscar el rostro de Dios y sus secretos como nunca. Y ha sucedido como Dios habló en los sueños: la gente de las naciones viene a oír la sabiduría de Dios. Y, si usted me pregunta, le responderé que sí, el Señor me enseñó a bajar las finanzas. Reitero que este profeta es en la actualidad mi amigo. Ese evento sirvió para que me metiera más con Dios y para que buscara sus secretos. No estoy diciendo que no necesitamos al resto del cuerpo de Cristo como algunos pretenden, solo explico como ocurrió conmigo.

3. **La profeta extraña.** Días antes de que Dios comenzara a levantar nuestro ministerio, conocí a una profeta que marcó nuestra vida. Nuestra congregación era pequeña todavía y la invité a ministrar sin saber en lo que me había metido. En medio de la reunión mandó a traer platos y pocillos. ¿Para qué? Pues para romperlos contra el suelo y las paredes, diciendo que Dios rompía estructuras en la Iglesia. ¡Por Dios! Rompió el atril de la Iglesia, el púlpito, diciendo que ahí había un espíritu de religiosidad. Y por último, ministró la Santa Cena mojando el pan y metiéndolo en la boca de la gente. Qué locura. ¿Qué resultado tuvo esta extraña ministración? A los días comenzó a crecer la congregación y no ha parado de hacerlo hasta hoy. En el momento no lo entendía, pero algo se rompió; ella estaba fluyendo en lo profético, estaba haciendo actos proféticos.

Esa misma semana salieron algunos líderes de la congregación y el Señor me habló: "Como yo traje juicio sobre Judas mojando el pan y dándoselo en la boca, de la misma manera, la profeta juzgó a los traidores que impedían que el ministerio creciera. No te preocupes, ellos se van, pero el ministerio se multiplicará en las naciones" Y así ha sido.

4. **La Pastora legalista.** Continuando con la intensa búsqueda del Señor, fui guiado por Dios, a través de un sueño, a que trajera a una pastora legalista.

    ¿Cómo es esto, Señor? Nunca habíamos sido una Iglesia de faldas largas ni cabello largo. Al contra- rio... Pensé que Dios se había equivocado, pero me lo repitió de nuevo muchas veces, no quedó más remedio que obedecer. El día que ella tenía que venir, le pedí a todas las asistentes que acudieran con falda, y que no se maquillaran para evitar el regaño. El día de la reunión estábamos todos listos, y la gente preguntaba si se habría equivocado el pastor. Así, inició la reunión, adoramos, y cuando ella subió, se convirtió en una profeta por una hora. Empezó a ministrar de una forma muy poderosa, ángeles aparecieron y me dio una palabra: "a partir de hoy se abren los pozos que estaban cerrados". En vedad fue una reunión inolvidable.

Tengo como lección que no importando la variación doctrinal, todos somos el cuerpo de Cristo y nos necesitamos los unos a los otros. Cada uno tiene un depósito particular y cuando somos capaces de aceptarnos en medio de las diferencias, esos depósitos son transferidos. Esa misma semana Dios abrió la radio y nuestra Casa comenzó a extenderse poderosamente.

5. **Maestro-alumno.** En la búsqueda por encontrar los misterios y secretos de Dios siempre deseamos encontrar maestros o profetas que sean nuestros mentores o tutores. Nuestra sorpresa fue, cuando eso sucedía, que todos nos tiraban la puerta en la cara. Los profetas deben permitir que las personas se les acerquen, y no solo las personas de su propio ministerio, sino las de otros ministerios para ayudarlos y entrenarlos. Son los profetas los que más diseños y secretos tienen de Dios para llevar a otro nivel al pueblo. Es verdad que las perlas no se les dan ni a los perros ni a los cerdos, pero debemos abrirnos para entrenar a otros, especialmente a las generaciones jóvenes.

La otra cara de la moneda son los discípulos. La gratitud, la honra y la lealtad deben fluir del corazón de ellos. Es muy difícil encontrar mentores o profetas que entrenen y entreguen sus depósitos a sus discípulos. La experiencia me ha enseñado que no solo se necesita ser apto para enseñar, sino que también es necesario ser apto para aprender. Hay gente muy rebelde en esto de lo profético, hay mucho "sabelotodo" y hay mucha traición, después que entrenas a alguien lo empiezan a usar en tu contra. En verdad, yo estoy vivo por la misericordia de Dios, pero quiero concluir este evento diciendo dos cosas: los profetas tienen que abrirse para que los discípulos aprendan, y los discípulos tienen que abrirse para aprender. Por lo tanto, debemos ser aptos para enseñar y aptos para aprender.

6. CDs debajo de la puerta. Nunca he servido para ser un engañador. En este proceso le dije al Señor "O me das los secretos, o dejo esto. Necesito llevar la gente a otro nivel". Busqué a Dios mucho tiempo en las madrugadas. Una madrugada, siendo las 3 am estaba orando con desespero, pegado a la vieja plataforma de la congregación, cuando alguien lanzó por debajo de la puerta un paquete de CDs. El sobre decía: "es lo que estás esperando".

¿Quién lanza CDs debajo de una puerta a las 3 de la mañana? Para resumir la historia, en los CDs había enseñanzas de muchos profetas, muchas sobre liberación. Me di a la tarea de aplicarlas, primero a mi vida, luego a mi familia, y luego a la congregación y el resultado fue la libertad de nuestro ministerio.

Estos eventos que cuento en esta historia son los que permitieron que Transformación Internacional se extendiera a las naciones. Aleluya. Ahora, cada vez que conozco a un profeta, a un poderoso siervo de Dios, trato de estar con él o ellos, cargar sus maletas, llevarlos a almorzar y honrarlos con lo mejor que pueda. Yo aprendí que caminando con ellos se suel- ta el manto; honrándolos, se suelta el manto. He aprendido todos estos años que si andas con perros, aprendes a ladrar, si andas con gallinas, aprenderás a correr, si andas con serpientes, aprenderás a arrastrarte, si andas con águilas, aprenderás a volar y si andas con leones, aprenderás a gobernar.

La revelación que los profetas portan es poderosa. Los secretos que ellos poseen son muy altos, y sólo al estar cerca de ellos serán impartidos sobre tu vida. Cada vez que invitamos un profeta a la congregación la palabra en el altar es poderosa, pero prefiero las conversaciones distendidas en el auto o en el restaurante o en el hotel donde se hospedan. Esos momentos son, de alguna manera, lo más poderoso de los congresos; oír sus experiencias y sus palabras me llevan a crecer en Dios.

Esta batalla no la podemos pelear solos, eso es orgullo; hay que pelear las batallas caminando cerca de personas que tengan una significativa trayectoria en Dios. ¿Te das cuenta por qué es necesario estar bajo autoridad? ¿Te das cuenta lo que se pierde al despreciar el Cuerpo de Cristo? ¿Te das cuenta el daño que nos hacemos a nosotros mismos cuando pensamos que tenemos unción de únicos o que no hay nadie fuera de nosotros? Hoy más que nunca, como discípulos, debemos decir "vive Jehová y vive tu alma, que no te dejaré"

"Aconteció que cuando quiso Jehová alzar a Elías en un torbellino al cielo, Elías venía con Eliseo de Gilgal. Y dijo Elías a Eliseo: Quédate ahora aquí, porque Jehová me ha enviado a Bet-el. Y Eliseo dijo: Vive Jehová, y vive tu alma, que no te dejaré. Descendieron, pues, a Betel. Y saliendo a Eliseo los hijos de los profetas que estaban en Bet-el, le dijeron: ¿Sabes que Jehová te quitará hoy a tu señor de sobre ti? Y él dijo: Sí, yo lo sé; callad. Y Elías le volvió a decir: Eliseo, quédate aquí ahora, porque Jehová me ha enviado a Jericó. Y él dijo: Vive Jehová, y vive tu alma, que no te dejaré. Vinieron, pues, a Jericó. Y se acercaron a Eliseo los hijos de los profetas que estaban en Jericó, y le dijeron: ¿Sabes que Jehová te quitará hoy a tu señor de sobre ti? El respondió: Sí, yo lo sé; callad. Y Elías le dijo: Te ruego que te quedes aquí, porque Jehová me ha enviado al Jordán. Y él dijo: Vive Jehová, y vive tu alma, que no te dejaré. Fueron, pues, ambos. Y vinieron cincuenta varones de los hijos de los profetas, y se pararon delante a lo lejos; y ellos dos se pararon junto al Jordán. Tomando entonces Elías su manto, lo dobló, y golpeó las aguas, las cuales se apartaron a uno y a otro lado, y pasaron ambos por lo seco. Cuando habían pasado, Elías dijo a Eliseo: Pide lo que quieras que haga por ti, antes que yo sea quitado de ti. Y dijo Eliseo: Te ruego que una doble porción de tu espíritu sea sobre mí. Él le dijo: Cosa difícil has pedido. Si me vieres cuando fuere quitado de ti, te será hecho así; mas si no, no. Y aconteció que yendo ellos y hablando, he aquí un carro de fuego con caballos de fuego apartó

a los dos; y Elías subió al cielo en un torbellino. Viéndolo Eliseo, clamaba: !!Padre mío, padre mío, carro de Israel y su gente de a caballo! Y nunca más le vio; y tomando sus vestidos, los rompió en dos partes. Alzó luego el manto de Elías que se le había caído, y volvió, y se paró a la orilla del Jordán. Y tomando el manto de Elías que se le había caído, golpeó las aguas, y dijo:

¿Dónde está Jehová, el Dios de Elías? Y así que hubo golpeado del mismo modo las aguas, se apartaron a uno y a otro lado, y pasó Eliseo".

(2 Reyes 2:1-14)

Hechos 3:6 nos revela que los siervos de Dios transfieren lo que son y lo que tienen. El Apóstol dijo "no tengo oro ni plata, pero de lo que tengo, te doy". Los ministros que tienen una trayectoria en Dios transfieren lo que tienen. Cada ministro tiene misterios y secretos que pueden ser transferidos al pueblo de Dios.

Decídete a caminar con un profeta si quieres ir a otro nivel en Dios.

CAPÍTUL **7**

CONOCIMIENTO DE LO ANGELICAL

"¿No son todos espíritus ministradores, enviados para servicio a favor de los que serán herederos de la salvación?"

(Hebreos 1:14)

Las Cortes Celestiales están abiertas para los hijos de Dios. Estas Cortes están tremendamente ligadas a los ángeles. Este ha sido un tema que Dios mismo ha guardado, pero que en este tiempo se está abriendo para que aprendamos a movernos en lo angelical. El rollo ha sido desatado y la revelación está viniendo.

Los ángeles son espíritus, eso significa que ellos se están moviendo permanentemente en la atmósfera celestial o espiritual. No los sentimos ni los vemos, porque, precisamente, están en la atmósfera del espíritu. Además de esto, los ángeles están todo el tiempo ministrando, de acuerdo a Hebreos 1: 14, ellos están para servirnos, lo que implica que podemos darles órdenes, porque son nuestros servidores. Este ha sido un tema que ha estado velado, pero el hecho de que no se nos haya sido revelado, no significa que no exista o que no se mueva entre nosotros, al contrario; en estos últimos años el movimiento angelical ha sido más fuerte que nunca, y esto se está haciendo tangible en el mundo físico.

Nuestra revelación sobre los ángeles no puede venir de la Nueva Era, del gnosticismo, de ningún libro de ocultismo. Esta revelación solo puede venir del Espíritu Santo, quien la consignó en las Sagradas Escrituras. Lo que necesitamos está ahí. Hace algunos años busqué en una librería cristiana libros sobre los ángeles, y lo que encontré fue meramente lo básico. Cuando estudié en el Seminario Bíblico, sucedió lo mismo: no había información. En otros casos, se elude el conocimiento de este tema glorioso, hay siervos del Señor que desaconsejan profundizar en ello.

Quiero plasmar una palabra profética poderosa que tendrá lugar entre el año 2021 y el 2030: el rollo de los ángeles será poderosamente abierto. Oiremos maestros proféticos fluyendo en esta revelación más que nunca por todos lados, con el fin de que nos podamos manifestar en las Cortes. Necesitamos pedir con espíritu de revelación que Dios nos mues- tre cómo activar los ángeles. El Señor me dijo: "Franky, le voy a dar experiencias poderosas con ángeles a mi pueblo en todo el mundo, para que entiendan cómo se mueven estos seres poderosos y para que podamos ser más efectivos al entrar a las Cortes a la hora de presentar nuestras demandas". Yo estoy pidiendo estas experiencias. ¿Y usted?

Estas revelaciones que van a venir demandarán tener una mente más abierta en el espíritu. Muchas cosas que Dios va a revelar van a parecer extrañas, pero tendremos que aprender a sopesarlas en el espíritu. Esto nos va a demandar tener un espíritu enseñable, libre de religiosidad y libre de la Babilonia espiritual en que casi todos hemos estado. Estas experiencias van a romper muchos moldes y estructuras religiosas. Esta Babilonia es en gran parte responsable de que este tipo de revelación no nos haya llegado, aunque estoy seguro de que, si estás leyendo este libro, es porque el Espíritu Santo está haciendo la obra para sacarte de este sistema religioso.

¡¡Ánimo!!
Vas en el camino correcto.

TRIBULACIÓN PARA RECIBIR FACULTAD DE JUZGAR

> *"...confirmando los ánimos de los discípulos, exhortándoles a que permaneciesen en la fe, y diciéndoles: Es necesario que a través de muchas tribulaciones entremos en el reino de Dios".*

(Hechos 14:22)

Por causa del Reino de Dios seremos perseguidos. Esto está escrito y no tiene nada que ver con el Evangelio que hoy se vende a la gente, donde se afirma que todo tiene que estar bien.

> *"Entonces Jesús dijo a sus discípulos: Si alguno quiere venir en pos de mí, niéguese a sí mismo, y tome su cruz, y sígame".*

(Mateo 16:24)

*"Y también todos los que quieren vivir piadosa-
mente en Cristo Jesús padecerán persecución."*

(2 Timoteo 3:12)

Una cosa es padecer persecución porque no damos
testimonio de vivir una vida cristiana y otra cosa es
padecer persecución por causa de Cristo. En el
capítulo de Hechos 14: 8 al 23 leemos:

> *"cierto hombre de Listra estaba sentado, imposibi-
> litado de los pies, cojo de nacimiento, que jamás
> había andado. Este oyó hablar a Pablo, el cual,
> fijando en él sus ojos, y viendo que tenía fe para ser
> sanado, dijo a gran voz: Levántate derecho sobre
> tus pies. Y él saltó, y anduvo. Entonces la gente,
> visto lo que Pablo había hecho, alzó la voz,
> diciendo en lengua licaónica: Dioses bajo la
> semejanza de hombres han descendido a nosotros.
> Y a Bernabé llamaban Júpiter, y a Pablo,
> Mercurio, porque éste era el que llevaba la palabra.
> Y el sacerdote de Júpiter, cuyo templo estaba frente a
> la ciudad, trajo toros y guirnaldas delante de las
> puertas, y juntamente con la muchedumbre quería
> ofrecer sacrificios. Cuando lo oyeron los apóstoles
> Bernabé y Pablo, rasgaron sus ropas, y se lanzaron
> entre la multitud, dando voces y diciendo: Varones,
> ¿por qué hacéis esto? Nosotros también somos
> hombres semejantes a vosotros, que os anunciamos
> que de estas vanidades os convirtáis al Dios vivo,
> que hizo el cielo y la tierra, el mar, y todo lo que en
> ellos hay. En las edades pasadas él ha dejado a
> todas las gentes andar en sus propios caminos; si
> bien*

no se dejó a sí mismo sin testimonio, haciendo bien, dándonos lluvias del cielo y tiempos fructíferos, llenando de sustento y de alegría nuestros corazones. Y diciendo estas cosas, difícilmente lograron impedir que la multitud les ofreciese sacrificio. Entonces vinieron unos judíos de Antioquía y de Iconio, que persuadieron a la multitud, y habiendo apedreado a Pablo, le arrastraron fuera de la ciudad, pensando que estaba muerto. Pero rodeándole los discípulos, se levantó y entró en la ciudad; y al día siguiente salió con Bernabé para Derbe. Y después de anunciar el evangelio a aquella ciudad y de hacer muchos discípulos, volvieron a Listra, a Iconio y a Antioquía, confirmando los ánimos de los discípulos, exhortándoles a que permaneciesen en la fe, y diciéndoles: Es necesario que a través de muchas tribulaciones entremos en el reino de Dios. Y constituyeron ancianos en cada iglesia, y habiendo orado con ayunos, los encomendaron al Señor en quien habían creído".

En este capítulo vemos como el Apóstol Pablo es apedreado por causa de Jesucristo. Parece ser que los que lo apedrearon pensaron que ya estaba muerto. Los hermanos lo rodearon y volvió a levantarse. He oído a varios eruditos de la Palabra de Dios que dicen que Pablo fue resucitado.

"Porque si los muertos no resucitan, tampoco Cristo resucitó"

(1 Corintios 15:16)

¿Qué ocurrió con Pablo después de este episodio donde fue apedreado?

> *"Entonces vinieron unos judíos de Antioquía y de Iconio, que persuadieron a la multitud, y habiendo apedreado a Pablo, le arrastraron fuera de la ciudad, pensando que estaba muerto. Pero rodeándole los discípulos, se levantó y entró en la ciudad; y al día siguiente salió con Bernabé para Derbe. Y después de anunciar el evangelio a aquella ciudad y de hacer muchos discípulos, volvieron a Listra, a Iconio y a Antioquía".*

(Hechos 14:19-21)

- Logró tener autoridad sobre la muerte.
- Trajo unidad entre los hermanos.
- Lograron anunciar el evangelio en toda la ciudad.
- Hicieron muchos discípulos.
- Dios le dio un grupo poderoso de ancianos en cada ciudad o personas de gobierno espiritual.
- Después de este evento, el Apóstol Pablo pudo plantar Iglesias en toda Asia.

De acuerdo al tema que estamos tratando, el hecho de ser apedreado, lo llevó a tener un nivel mayor de autoridad espiritual en Dios. Las Cortes fueron abiertas para él, recibió autoridad sobre más naciones, de acuerdo a lo que está escrito:

> *"Al que venciere y guardare mis obras hasta el fin, yo le daré autoridad sobre las naciones, y las regirá con vara de hierro, y serán quebradas como*

vaso de alfarero; como yo también la he recibido de mi Padre".

(Apocalipsis 2:26-27)

"Vino el primero, diciendo: Señor, tu mina ha ganado diez minas. Él le dijo: Está bien, buen siervo; por cuanto en lo poco has sido fiel, tendrás autoridad sobre diez ciudades. Vino otro, diciendo: Señor, tu mina ha producido cinco minas. Y también a éste dijo: Tú también sé sobre cinco ciudades".

(Lucas 19:16-19)

La autoridad territorial que Dios le dio a Pablo fue elevada por causa de la tribulación. Quisiéramos que todo fuera maravilloso en el Reino de Dios y no tener que pasar por nada, pero así no funcionan las cosas; a través de muchas tribulaciones entramos en el Reino de Dios. No es una ni dos ni tres, son muchas tribulaciones. Muchas personas quieren que ore por ellas y desean que les transfiera el depósito que el Padre me ha entregado, y no está mal. Pero ¿y el proceso?, ¿y el precio que me ha tocado pagar?

La gente quiere la gloria sin la tribulación y eso es totalmente imposible. Si yo les contara todo lo que me ha tocado vivir estos últimos años para traer tan poderosas revelaciones, llorarían conmigo. El precio que he tenido que pagar ha sido muy alto.

Veamos varias cosas que dice el Apóstol Pablo:

"Por tanto, no desmayamos; antes aunque este nuestro hombre exterior se va desgastando, el interior no obstante se renueva de día en día. Porque esta leve tribulación momentánea produce en nosotros un cada vez más excelente y eterno peso de gloria; no mirando nosotros las cosas que se ven, sino las que no se ven; pues las cosas que se ven son temporales, pero las que no se ven son eternas".

(2 Corintios 4:16-18)

Aun cuando nos desgastamos, Dios asegura que la tribulación es leve y momentánea, y que ella traerá un excelente y eterno peso de gloria. El secreto para no desmayar consiste en no ver lo que se ve, lo que está delante de nuestros ojos, o no ver lo que está ocurriendo, sino saber que ese evento de tribulación es temporal, por tanto, el secreto consiste en ver lo eterno. El secreto consiste en ver lo celestial. El secreto consiste, también, en no ver el "por qué" sino el "para qué".

Estos últimos años se han soltado muchas tribulaciones sobre el pueblo de Dios. ¿Por qué? No creo que haya respuestas. Muchas veces pregunté lo mismo y Dios no me respondió. Si la pregunta es ¿para qué?, podemos responder que es para darnos un mayor peso de autoridad y poder movernos en las Cortes Celestiales.

La tribulación por causa de Cristo nos habilita para tener mayor autoridad y entrar con libertad a las

Cortes a presentar las demandas y a juzgar. Si usted cree que lo que ha vivido es muy duro, le voy a dejar un capítulo sobre la vida del Apóstol Pablo que lo va a sorprender. Es tremendo el nivel de tribulación por causa de Cristo que él vivió para tener un nivel de autoridad tal, que entraba a una ciudad y la ciudad se consternaba espiritualmente.

"que estamos atribulados en todo, mas no angustiados; en apuros, mas no desesperados; perseguidos, mas no desamparados; derribados, pero no destruidos; llevando en el cuerpo siem- pre por todas partes la muerte de Jesús, para que también la vida de Jesús se manifieste en nuestros cuerpos".

(2 Corintios 4:8-6)

"¿Son ministros de Cristo? (Como si estuviera loco hablo.) Yo más; en trabajos más abundante; en azotes sin número; en cárceles más; en peligros de muerte muchas veces. De los judíos cinco veces he recibido cuarenta azotes menos uno. Tres veces he sido azotado con varas; una vez apedreado; tres veces he padecido naufragio; una noche y un día he estado como náufrago en alta mar; en caminos muchas veces; en peligros de ríos, peligros de ladrones, peligros de los de mi nación, peligros de los gentiles, peligros en la ciudad, peligros en el desierto, peligros en el mar, peligros entre falsos hermanos; en trabajo y fatiga, en muchos desvelos, en hambre y sed, en muchos ayunos, en frío y en desnudez; y además

*de otras cosas, lo que sobre mí se agolpa cada día,
la preocupación por todas las iglesias. ¿Quién enferma,
y yo no enfermo? ¿A quién se le hace tropezar, y yo
no me indigno?".*

(2 Corintios 11:23-29)

Si usted cree que lo ha vivido todo, revise esta lista de
lo que el Apóstol Pablo tuvo que vivir para subir su
nivel de autoridad y poder entrar en las ciudades y
consternarlas. Esto nos explica, en parte, para qué
permite Dios las tribulaciones en el pueblo de Dios.

Así que, ánimo. Hay una gloria que va a manifestarse en su
vida en medio de la tribulación,

Conclusiones

"Porque el anhelo ardiente de la creación es el aguardar la manifestación de los hijos de Dios".

(Romanos 8:19)

La tierra pide a gritos que los hijos de Dios se manifiesten, que salgamos de las cuatro paredes para manifestar la Justicia de Dios en la tierra.

Fueron años de orar y ayunar ardientemente para poder consignar en estas páginas estas revelaciones que pueden ayudar a transformar el destino de las naciones. Te ruego, amado lector, que no leas este libro de una manera liviana. Aquí está la respuesta que has estado pidiendo al Señor por tantos años. Es posible, sin embargo, que no esté más que el 1% de la revelación respecto a las Cortes Celestiales, pero es un buen inicio para que aprendamos a movernos en ellas.

Este libro no es conocimiento. Mucho menos, entretenimiento. Este libro es entrenamiento puro, y las naciones de la tierra te están esperando. Con la lectura de este libro podrás dejar de ser un hermano que llena una banca para ser un Juez sobre la tierra que traiga la Justicia de Dios:

> *"Restauraré tus jueces como al principio, y tus consejeros como eran antes; entonces te llamarán Ciudad de justicia, Ciudad fiel".*

(Isaías 1:26)

Cuando Dios restaura los jueces, los nombres de las naciones son cambiados. Amado lector, el destino de las naciones no está en las manos de los gobiernos.

El destino de las naciones de la tierra está en nuestras manos.

Como me gustaría que leyeras todo el libro de los jueces. Allí entenderíamos que mientras los jueces estén rigiendo la tierra, la justicia de Dios se manifestará en las naciones. Cuando el juez muere o es quitado de inmediato se vuelve al mismo ciclo vicioso y la maldad vuelve a permear la tierra. Es necesario que Dios vuelva a levantar estos jueces en cada congregación, en cada territorio, en cada ciudad y en cada nación.

¿Estarás dispuesto para que Dios te use poderosamente y descienda sobre tí esa unción de juez que ha de transformar las naciones de la tierra?

Lo que está aquí consignado, es el resultado de años de oración y ruego por que los diseños del cielo vengan a mi vida para que las naciones sean transformadas. Hoy entrego parte de ellos a tu vida con todo mi amor, sabiendo que si estás leyendo este libro, es porque el Padre no te considera ni perro ni cerdo, sino un reformador, un juez que traerá el reino de Dios y su justicia a las naciones de la tierra. Te ruego que estas cortas líneas no sean tomadas con liviandad. Acá hay poderosos diseños que pueden transformar tu vida, tu familia y las naciones.

Con amor en Cristo, Franky.Rodríguez

Bibliografía

La Biblia. Reina Valera. 1960. Editorial Vida

Biblia Textual. Primera Edición. 1999 . Holman Bible Publishers Sociedad Bíblica Ibe- roamericana.

Nueva Concordancia Strong Exhaustiva. James Strong . 1890. Editorial Caribe. Nuevo Diccionario Bíblico Ilustrado Vila Escuain. 1985. Editorial Clie.